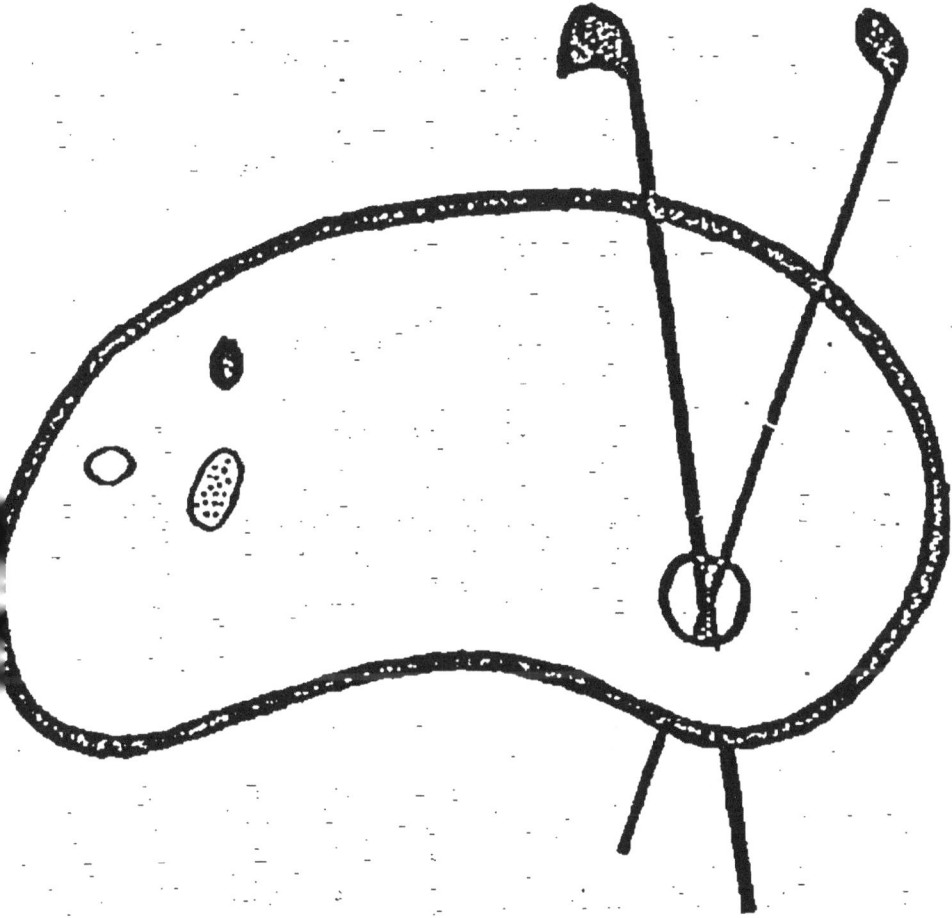

DEBUT D'UNE SERIE DE DOCUMENTS
EN COULEUR

FRANCESCA

Le Manuel d'une Ligueuse

I

ACTION SOCIALE CATHOLIQUE

DIJON

IMPRIMERIE DARANTIERE

65, RUE CHABOT-CHARNY, 65

--

1909

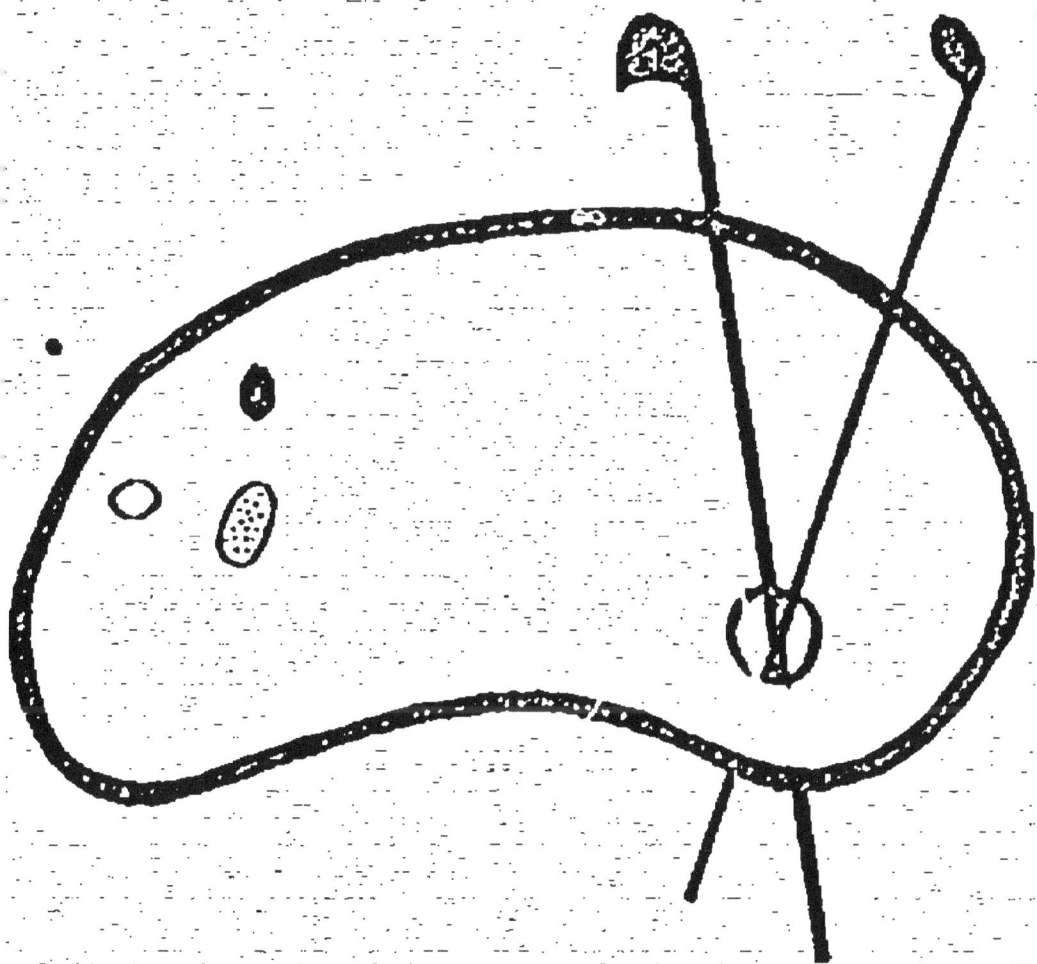

FIN D'UNE SERIE DE DOCUMENTS
EN COULEUR

Le Manuel

d'une Ligueuse

Le Manuel d'une Ligueuse

I

ACTION SOCIALE CATHOLIQUE

DIJON

IMPRIMERIE DARANTIERE

65, RUE CHABOT-CHARNY, 65

—

1909

A

MADAME LA BARONNE REILLE

TRÈS AIMÉE ET VÉNÉRÉE PRÉSIDENTE

DE LA LIGUE PATRIOTIQUE DES FRANÇAISES

Humble et reconnaissant hommage
d'une ligueuse.

A FRANCESCA

Saint-Amans-Soult (Tarn),
le 17 novembre 1908.

Madame,

Mon amie, Madame de Wall, en me confiant à Lourdes vos manuscrits, avait mis une sorte de coquetterie à me laisser ignorer son appréciation sur cette œuvre.

Elle voulait, ainsi que me l'a révélé depuis sa correspondance, me laisser la douce joie de découvrir moi-même un véritable chef-d'œuvre.

Je vous l'avoue, j'avais commencé à feuilleter vos conférences avec la résignation d'une personne trop habituée à accomplir le devoir, souvent un peu fastidieux, de lire de bonnes et pieuses banalités...

*Mais, dès les premières pages, j'ai été cap-
tivée par le charme de la forme, et bien
plus encore, par l'élévation de la pensée.*

*C'est donc de tout cœur, Madame, que
je vous félicite. Votre apostolat s'étendra
à travers la France, car j'ai le plus vif
désir de voir ces causeries imprimées se
répandre dans tous nos Comités ; elles
seront un manuel excellent, sachant unir
l'inspiration la plus élevée de la foi chrétienne aux conseils les plus pratiques pour
la vie de famille et pour la vie sociale.*

*Recevez, je vous prie, Madame, avec
l'expression de mon admiration sincère,
celle de mon plus cordial dévouement.*

SOULT, B^onne REILLE,
Présidente.

PROGRAMME

Mesdames,

Voici notre programme : il est d'ailleurs partout le même. Pour nos Ligueuses, il est de rigueur de faire de l'Apostolat, dans la famille d'abord, puis dans la société.

Je vois, Mesdames, que vos regards m'interrogent : toutes vous me demandez en quoi consiste cet Apostolat dont nous vous parlons dans toutes nos réunions.

Pour faire de l'Apostolat, il n'y a qu'un moyen, moyen facile, tout-puissant, à la portée de toutes. Sans doute, il est long quelquefois, mais il est infaillible. Ce moyen, c'est le bon exemple ; il faut donc qu'à l'avenir, nous le donnions à tous, en

1

toute occasion, en accomplissant le mieux
possible tous nos devoirs. Si vous le voulez bien, Mesdames, nous les examinerons
ensemble, l'un après l'autre, dans nos
réunions mensuelles. Commençons par la
base, comme doit le faire tout bon ouvrier,
puisque des fondations dépend la solidité
de l'édifice.

Parlons donc, avant tout, de nos devoirs
envers Dieu, et puisqu'il s'agit de l'exemple, prenons pour thème les pratiques extérieures de la religion.

Une Ligueuse, n'est-il pas vrai, Mesdames, est une personne qui s'engage à
combattre le mal, de toutes ses forces, par
tous les moyens qui sont à sa portée.
Qu'elle commence donc par ne pas faire
elle-même le mal qu'elle doit combattre.
L'exemple, l'exemple tout puissant, qu'elle
le donne constamment du matin au soir.

Pour toutes les Femmes catholiques qui
mènent une vie à peu près régulière et sé-

rieuse, l'assistance à la Messe du Dimanche est un devoir rigoureux, heureusement encore assez bien accompli dans notre belle France. Faire ses Pâques est une obligation annuelle, à laquelle manque le petit nombre seulement.

Mais voyons, Mesdames, croyez-vous que ce soit assez pour une Ligueuse? Non, n'est-ce pas? Vous sentez bien vous-mêmes que c'est le lot de la masse, et que l'élite catholique dont vous faites partie, voyant autour d'elle grandir l'impiété et la révolte contre la loi de Dieu, ne peut, et surtout ne doit pas, s'en tenir là.

Il faut prier, Mesdames, prier ardemment, prier ensemble; où serons-nous plus heureuses de nous rencontrer qu'au pied du Tabernacle? Ce sera une force, et non une distraction coupable de nous sentir ainsi groupées sous le regard de Dieu.

Gênez-vous un peu, Mesdames, pour assister aux offices de l'Eglise, aux Vêpres,

aux prières. Laissez pour cela ce livre in-
téressant, qui le sera autant demain ; remet-
tez à plus tard cette visite qui peut
attendre.

Si vos devoirs d'état vous retiennent
forcément à la maison, faites comprendre
aux personnes qui vous entourent combien
il vous est pénible de ne pouvoir plus souvent aller à l'église, dites qu'ils sont bien
heureux ceux qui peuvent porter à Dieu
le fardeau de leurs peines et de leurs misères. Vous aurez accompli un apostolat
facile puisqu'il n'a consisté en somme qu'à
vous excuser de ce que vous ne pouviez pas
faire. Surtout n'imitez jamais celles qui
vont à la Messe quand il leur plaît, ou celles
qui la manquent pour un caprice, sans penser qu'elles scandalisent leur entourage.

Combien d'adhérentes comptez-vous
dans votre groupe? Cinquante, me dites-
vous. Eh bien ! Mesdames, cinquante
femmes pour prier et agir ensemble, cin-

quante femmes douces, courageuses, fortes, persévérantes, mais c'est suffisant pour transformer une paroisse, pour la rendre plus chrétienne. L'assistance aux offices paroissiaux serait plus nombreuse et plus régulière, et les Communions réparatrices du premier Vendredi du mois deviendraient peu à peu presque générales.

Vous aurez, Mesdames, une piété si intelligente, si aimable, que tous, indifférents et même impies, finiront par aimer une Religion qui transforme ainsi ceux qui la pratiquent dans son véritable esprit.

Quand cinquante d'entre vous ne permettront devant elles aucun mot déplacé, qu'elles auront une conduite toujours exemplaire, soyez-en certaines, vous assainirez votre pays. La moralité grandira, car la beauté morale a son prestige, auquel bien peu résistent; les mauvais eux-mêmes s'inclinent devant la pudeur sans la comprendre.

Je voudrais encore, Mesdames, que, dans cette première réunion, vous vous promettiez de vous aimer plus et mieux. Vous êtes associées pour combattre le mal; or, les associées ne font de bonnes affaires que lorsqu'un accord parfait règne entre elles.

Soyez polies avec tout le monde, mais que pour vos sœurs de la Ligue, votre salut soit plus cordial, votre sourire plus doux. Soutenez-vous dans vos épreuves; lorsqu'une d'entre vous souffrira, que toutes les Ligueuses prennent part à sa peine. Vous pleurerez avec celles qui pleurent, vous vous réjouirez avec les heureuses. Ce sera faire encore de l'apostolat, car vous donnerez au monde ce beau spectacle auquel il est si peu habitué : l'exemple d'une vraie charité.

Soyez bien fidèles à vos réunions mensuelles; il faudrait que très simplement, sans aucune gêne, chacune y émît les idées qui lui sont venues depuis la dernière réunion. C'est ainsi que vous chercherez ensemble le moyen de faire le plus de bien possible à ceux qui ont le malheur de ne pas connaître Dieu.

Chaque réunion aura son sujet particulier à traiter. Aujourd'hui, nous avons pris la résolution de bien remplir les devoirs extérieurs de la religion ; une autre fois, nous étudierons un autre de nos devoirs, et nous arriverons ainsi à bien connaître la ligne de conduite que nous aurons à suivre en toute occasion.

PREMIÈRE CONFÉRENCE

APOSTOLAT DANS LA FAMILLE

MESDAMES,

Nous venons d'examiner nos devoirs de ligueuses se rapportant aux pratiques extérieures de la religion, c'est-à-dire aux offices paroissiaux et, en général, aux cérémonies du culte.

A présent, Mesdames, nous parlerons du sanctuaire de la famille.

Donner le bon exemple au sein de sa famille, c'est très facile, me direz-vous; pour ce genre d'apostolat, il n'est pas besoin de se déranger.

Détrompez-vous, Mesdames : ce devoir-ci est difficile à bien remplir. D'abord, il est de tous les jours, de tous les instants; puis il diffère de l'apostolat du dehors.

Pour la prière, par exemple, que vous la fassiez à l'église ou ailleurs, vous parlez à Dieu, comme en tête à tête ; vous lui exposez vos besoins spirituels, et, je crois, plus souvent encore, vos besoins temporels.

Mais enfin, vous priez comme il vous plaît, avec la méthode qui vous convient ; personne ne vous impose une volonté autre que la vôtre, c'est la paix.

Dans la famille, c'est absolument le contraire qui arrive, car une femme vraiment chrétienne, une femme forte, une ligueuse, doit être l'âme de sa maison : par conséquent à la disposition de tous.

Ligueuses de France, nous vous croyons de ferventes catholiques : en ce cas vous comprendrez pourquoi Dieu vous a faites la compagne de l'homme, et puisque dans sa divine sagesse Il a créé l'homme le premier, respectons, Mesdames, l'ordre établi par Dieu. Laissons au mari la première place, celle du maître. Mais, pour l'amour de votre âme et de la sienne, gardez jalousement la seconde place au foyer familial.

La femme doit être le conseil et l'appui de celui qui l'a choisie pour compagne : c'est faire faillite à tous vos engagements que de ne pas vous rendre digne de son estime.

Quel que soit le rang où Dieu vous a placées, soyez le guide et le soutien moral de votre mari. Cette vie qui vous a été confiée le jour de votre mariage doit s'élever à votre contact ; cette âme si proche de la vôtre doit n'avoir aucun secret pour vous. Tout doit être en commun dans le mariage béni de Dieu : peines, joies et douleurs.

Habituez si bien votre mari à votre tendresse, à vos soins intelligents et délicats, qu'il souffre de vos absences, si courtes soient-elles. C'est un éloge pour une femme de dire que son mari ne peut pas se passer d'elle.

Quand, à force de sacrifices et d'amour, vous arriverez à cette union aussi parfaite qu'elle peut l'être en ce monde, vous serez toute puissante, et votre mari, fût-il loin de Dieu, infailliblement vous le ramènerez à Lui. Mais ne vous pressez pas ; priez, aimez, souffrez, et attendez l'heure de Dieu.

Si vous savez ainsi vous faire aimer, pour ne pas vous faire de la peine, votre mari ne manifestera aucune hostilité, ni à votre piété, ni à vos bonnes œuvres.

En voyant de tout près ce que vous faites pour lui plaire, pour le rendre heureux, ne lui faisant remarquer vos jours de communion que par une sollicitude plus grande et une patience à toute épreuve, bientôt il vous admirera. Vous serez le plus bel ornement de sa maison, l'honneur et la joie de sa vie, et si de toute votre âme vous voulez le conduire à Dieu, il ira à Dieu.

En même temps que l'apostolat près de votre compagnon de route, l'éducation de

vos chers petits enfants sera l'occasion
d'un apostolat, fécond celui-là, puisqu'il
embrasse tout l'avenir de la famille et de
la société.

Avez-vous déjà remercié Dieu, Mesdames,
de cette puissance voisine de la sienne qui
est de donner la vie.

Vous êtes trop chrétiennes pour qu'on
ait à vous rappeler en quelle haute estime
vous devez tenir la sublime fonction de la
maternité. Cependant, en face de l'égoïsme
et de la lâcheté de tant d'époux qui reculent
devant les charges que leur imposerait une
nombreuse famille, comment ne pas effleu-
rer ce sujet si angoissant pour l'avenir de
notre patrie!

La France fut féconde, forte et prospère,
tant que les familles restèrent imprégnées
de christianisme; elles remerciaient Dieu
de la vie reçue, la transmettant sans calcul,
s'en remettant à la Providence du soin de
les aider à trouver le pain quotidien.

Avec la diminution de la foi et le plus grand besoin de jouissances matérielles, la dépopulation s'accentue chaque jour et elle devient pour notre patrie un redoutable péril.

Cette situation est trop connue pour qu'il soit nécessaire de l'établir par des statistiques.

Au simple point de vue du bonheur domestique, et en dehors de toute considération générale de devoir, de patrie, de morale chrétienne, comprenez, Mesdames, la douceur qu'il y a dans la vieillesse à être entouré de nombreux enfants, et quelle bénédiction du ciel les parents chrétiens en reçoivent même dès ce monde.

Sans doute, on n'élèvera pas une nombreuse famille sans grands soins, sans tribulations, il faut le reconnaître. Pour la mère, ce sont des années de fatigues physiques, matérielles et morales. Mais, comparez ces épreuves qui, en somme, ne dépassent pas les forces humaines, à la douleur que se préparent les parents égoïstes de l'enfant unique, presque toujours affreusement gâté ; s'ils le perdent, quelle désolation à ce foyer désert ! Si l'enfant vit, ce sera souvent pour le désespoir et la honte de ses parents.

Que de traits nous pourrions citer ! Dans une famille profondément chrétienne de dix enfants la mort en cueille trois au berceau, une fille entre au couvent et y meurt en prédestinée, les autres se marient et naturellement sont moins à leurs parents. Qui entourera leur vieillesse de tendres soins ? La dixième enfant qui ne quittera pas le foyer familial. Son père disait d'elle tous les jours : « Je remercie Dieu de m'avoir donné cette perle ».

Vous citerai-je par contre l'affreux désespoir de cette mère au lit de mort de son fils unique ? A ses inconsolables regrets s'ajoutait le remords confié à une amie :

une vie conjugale affranchie de tout devoir.

Sans insister davantage, Mesdames, qu'il soit bien entendu que de votre volonté à remplir vos devoirs de mères, dépendent le bonheur de vos familles comme l'avenir de la France.

D'autre part, pensez souvent au compte que le grand Juge vous demandera un jour pour avoir laissé déformer ces âmes d'enfants si pures et si belles.

Vous êtes beaucoup plus responsables de vos enfants que de votre mari : il était moralement formé quand Dieu vous a unie à lui ; mais vos enfants? Ils sont bien votre œuvre tout entière. Ils seront ce que vous les ferez ; leur avenir dépend absolument de la formation que vous leur aurez donnée.

De toutes les calamités qui accablent notre chère patrie, la plus triste n'est-elle pas cette faiblesse que de trop nombreux parents apportent à l'éducation de leurs enfants.

Vous, Mesdames, qui atteignez l'âge mûr, souvenez-vous de votre enfance, de l'autorité de vos parents. Quelle fermeté ! Ils ne vous aimaient cependant pas moins que vous n'aimez vos enfants : seulement ils vous aimaient pour vous, et vous, vous aimez vos enfants *pour vous-mêmes*.

Un des points essentiels qui revient au premier plan dans tous nos congrès, c'est de supplier nos ligueuses de réagir contre cette faiblesse et de nous élever des hommes d'action et des femmes fortes.

Partout ce que vous avez de plus cher au monde, aimez vos enfants autrement que le font la plupart des mères. Depuis le berceau, votre enfant doit comprendre que votre autorité est indiscutable : si votre cœur faiblit, que votre volonté lui vienne en aide. Ne cédez jamais à un caprice. J'ai dit jamais.

Faites remarquer à votre enfant que si Dieu vous a envoyée près de lui, c'est pour

tenir sa place et que vous ne devez pas lui
laisser faire le mal. Les enfants, voyez-
vous, Mesdames, sont un peu comme les
chevaux : pour marcher droit, il faut qu'ils
sentent la bride. Donc, mères chrétiennes,
mères françaises, tenez la bride, tenez-la
ferme. Mais surtout, prenez vos enfants
par le cœur, faites-vous aimer d'eux ; qu'ils
vous obéissent par affection, et que refuser
une caresse soit une réelle punition.

Beaucoup diront : ce sont des enfants,
ils ne comprennent pas. Détrompez-vous.

« L'enfant, a dit de Maistre, est moralement formé à trois ans. » Pour vérifier
la vérité de cette assertion, réfléchissez. Si
vous avez plusieurs enfants, vous n'avez
pas attendu qu'ils aient trois ans pour voir
que leurs caractères seraient différents.
Eh bien ! Mesdames, ce caractère qui se
nuance, c'est la personnalité morale du
petit être qui déjà se dessine. Il cherche à
équilibrer sa volonté en même temps que

ses jambes. Qui est chargé par Dieu de
guider les premiers pas de cet être qui est
tout vôtre? C'est vous, n'est-ce pas? Il faut
absolument que vous soyez parfaite devant
lui. Il reproduira vos bonnes comme vos
mauvaises actions. L'enfant est observateur, rien ne lui échappe. Si vous êtes
douce, prévenante, sérieuse, infailliblement il aura les mêmes tendances ; et c'est
en tout qu'il vous imitera.

Il est bien entendu que les enfants ne
doivent jamais être mêlés aux querelles
du ménage. En entendant papa gronder
maman et maman gronder papa, l'enfant
mettra dans sa petite tête que tous les deux
ont tort, et le premier accroc au respect
filial sera en germe dans son esprit.

On dirait que certains parents cherchent réciproquement à se faire mépriser.

Que dans vos foyers, Mesdames, le respect de Dieu et la foi à sa sainte et uni-
verselle présence soient les premières pen-

sées à faire germer dans l'esprit et dans le
cœur de vos enfants. C'est un sacerdoce
que la maternité. Vous prierez pour votre
enfant avant qu'il naisse ; vous ne lui ferez
pas attendre le Saint Baptême. Et puis,
aussitôt qu'il pourra comprendre, vous le
conduirez à l'église, et là, par votre attitude,
vous lui donnerez la foi au Dieu du Tabernacle.

Plus tard, vous le préparerez à sa première communion. Nul mieux que vous ne
saura pétrir son âme. Donnez-lui des maîtres chrétiens, si cependant ceux qui ex-
ploitent la France nous en laissent encore.
Mais c'est vous qui, après avoir formé son
corps, formerez son âme.

Elevez fortement vos enfants, sans gâteries. Surtout soyez fermes ; vous ferez
ainsi votre devoir d'abord, et le bonheur
de vos enfants dans l'avenir. Quand vous
vous sentirez faiblir, pensez à ces paroles
terribles dites à une mère par son enfant

à l'article de la mort. La pauvre mère san-
glotait quand, devant tous, parents et
amis, le jeune homme se tournant avec
effort vers elle lui dit : « Ne pleurez pas,
c'est vous qui êtes la cause de mon malheur. Si vous m'aviez élevé fortement,
chrétiennement comme mes camarades,
m'habituant à travailler et à fuir l'inconduite, je ne mourrais pas à 25 ans. Allez-
vous-en, je ne peux plus vous regarder ».

Quelle est celle d'entre vous, Mesdames,
qui peut penser sans trembler à ce que
cette mère a dû ressentir dans son cœur?
Peut-être cependant n'avait-elle été que
faible. En tous cas, terrible fut le châ-
timent.

Pour l'amour de Dieu, pour l'amour de
vous-mêmes, pour l'amour de vos enfants, pour l'amour de la France qui a tant
besoin d'hommes de bien et de femmes
fortes, ne gâtez pas vos petits enfants.
C'est l'avenir de notre Patrie. De grâce,

Ligueuses de France, pensez-y souvent, soyez des éducatrices. Dans toutes vos réunions, encouragez-vous mutuellement à accomplir ce devoir, le premier, le plus grave de tous, et bientôt, si vous savez vouloir, notre chère et malheureuse Patrie secouera enfin le joug de boue que d'infâmes sectaires veulent lui imposer et elle retrouvera sa belle splendeur d'autrefois avec sa devise :

« Que Dieu protège la France ! »

DEUXIÈME CONFÉRENCE

LES DEVOIRS D'ÉPOUSE

MESDAMES,

Comme la plupart des livres, celui de la vie a sa préface. Pour la vie à deux, cette préface est, comme dans beaucoup de livres, de toutes les pages la plus belle. Qui de vous, Mesdames, ne sent tressaillir son cœur en pensant à sa jeunesse, à ses fiançailles ? Que la vie vous semblait belle, facile, heureuse !

Dieu dans sa divine bonté cache à tous, sous les fleurs de l'illusion, les épines de la douleur et des déceptions. Même dans les mariages de raison ou d'argent, plus fréquents que les mariages d'amour, il y a quelques jours de mirage et d'enchan-

tement. Mais bientôt on se trouve en face
de la réalité de la vie. Qu'importe le mo-
bile qui vous a guidées! Du moment que
vous vous êtes engagées devant Dieu à
remplir vos devoirs d'épouses chrétiennes,
vous les remplirez tous, avec le plus de
perfection possible. Votre vie intime sera
ce que vous la ferez, heureuse ou malheureuse. Vous tenez l'avenir de vos foyers
dans vos mains. Que votre maison soit
pour votre mari un lieu de repos ; ne l'en-
nuyez pas de tracasseries inutiles. Tra-
vaille-t-il à la maison, ne le dérangez pas
trop. Veillez à ce que tous le respectent
comme le Maître ; que les ordres, même
inspirés par vous, soient donnés par lui,
pour que tous ceux qui dépendent de vous
s'habituent à le voir commander seul.
Laissez-lui son prestige, le vôtre n'en sera
que plus assuré. Si vous avez l'estime de
votre mari (et toute ligueuse doit l'avoir),
il ne commandera rien d'important sans

vous demander votre avis, car bien souvent, Mesdames, sans nous flatter, nous
voyons plus clair et plus loin.

Quand donc votre mari réclamera vos
conseils, surtout dans les premiers temps
de votre union, donnez votre avis, disant
seulement avec beaucoup de douceur :
« Mon ami, il me semble que cette affaire, prise de telle façon, réussirait
mieux. Mais faites comme vous vou-
drez : vous savez certainement mieux que
moi. »

Soyez sûres qu'il tiendra compte d'un
conseil donné ainsi, surtout quand, averti
par l'expérience, il reconnaîtra qu'il a eu
plusieurs fois à se repentir de ne pas avoir
écouté vos avis. Mais il faudra être pru-
dente. Si votre mari ne vous écoute pas,
n'insistez pas. S'il se trouve dans l'embar-
ras, il se dira bien à lui-même qu'il a eu
tort, et une autre fois il agira avec plus de
déférence. Un grand pas serait fait si toutes

nos ligueuses savaient ainsi conquérir la
confiance de leur mari : notre Patrie rede-
viendrait vite la nation chevaleresque d'autrefois.

Evitez donc, Mesdames, ce qui pourrait
causer la moindre peine à votre mari. Mettez
une délicatesse infinie dans votre vie intime.
Que, nouvelle épousée, vous ayez la pudeur
de l'amour béni de Dieu ! Ne faites pas,
vous, mes chères sœurs de la Ligue, étalage
de vos premiers jours de bonheur. Combien,
vous comme moi, n'avons-nous pas vu de
ces jeunes ménages jouant la comédie de
la passion et de l'amour éternel et se séparant quelque temps après !

Donc, que votre amour soit aussi pro-
fond que peu visible au dehors. Dans la
famille seulement laissez parler votre cœur.
Entourez celui que Dieu vous a donné à
aimer de tant, de si chaudes affections, qu'il
soit certain, absolument certain que nulle
part ailleurs il ne pourrait être aimé ainsi.

Mais mettez-y de la discrétion et ne l'accablez pas en lui faisant remarquer chaque fois ce que vous faites pour lui plaire ; vous vous rendriez insupportable. Que le bonheur vienne à lui comme tout naturellement, qu'il vous devine au fond de toutes ses joies. Soyez surtout pour lui l'épouse respectée, la femme qui porte son nom et qui le transmettra sans tache à ses enfants. Ainsi vous ne serez pas le camarade auquel on a le droit de tout dire.

Au nom du Christ Jésus dont la religion sainte nous a tirées de l'esclavage, gardez la sainteté du mariage, donnez à votre mari une si haute idée de votre valeur morale, qu'il ne se permette jamais devant vous des conversations scandaleuses ou triviales. S'il avait, par malheur, fréquenté dans sa jeunesse des jeunes gens aux mœurs légères, faites-lui comprendre qu'il doit vous éviter leur contact. Dites-lui vos raisons très doucement mais très fermement.

Ne recevez dans votre cher foyer que des gens aux sentiments élevés.

C'est si facile, quand on est jeune et que l'on aime la gaîté, de se laisser entraîner. Votre mari vous dira volontiers : « Si nous invitions un tel, c'est un charmant garçon ? » Ne dites pas non, mais ne dites pas oui tr t de suite. Prenez pour prétexte qu'il vous en coûte d'introduire un étranger dans votre cher *home*, que vous aimez à le parer pour lui tout seul, qu'il vous laisse jouir encore un peu de la vie intime de la famille. Il sera très flatté et consentira volontiers à une vie un peu fermée. Tout de suite, en installant votre maison ne voyez que des personnes dont la moralité soit incontestable. Profitez de votre prestige de jeune épouse : sur ce sujet soyez intraitable.

En vous trouvant un peu sévère, votre mari réfléchira, et quand il aura compris vos motifs, il bénira Dieu de lui avoir

donné une femme qui, à peine sienne, a
souci de l'honneur de son nom, et sa joie
sera grande.

Par votre habileté, votre savoir faire,
vos vertus, vous créerez autour de vous
une atmosphère morale très élevée. Si vous
êtes ardemment chrétienne, la vie la plus
simple, la plus modeste, et je dirai même
la moins fortunée, peut être douce pour
le cœur et lumineuse pour l'esprit. Tout
dépend de vous, Mesdames.

Le grand Fénelon a dit : « Quand une
femme entre dans une maison, elle en devient comme l'âme : tout, bonheur ou malheur, tout vient d'elle. Elle encourage par
un sourire, elle punit par une larme. Si
Dieu lui a donné tant de charmes, c'est
afin de faire aimer son autorité. »

A l'œuvre, à l'œuvre sainte, Mesdames.
Que dans toutes nos familles, il se fasse un
renouveau d'énergies et de bonnes volon-
tés. Que vos maisons soient agréables à

vos maris, qu'ils y trouvent non seulement la joie du cœur, mais aussi la vie de l'intelligence.

En seriez-vous encore, Mesdames, à ces vers que Molière a mis dans la bouche du bonhomme Chrysale :

> Qu'une femme en sait toujours assez
> Quand la capacité de son esprit se hausse
> A connaître un pourpoint d'avec un haut-de-chausse.

Instruisons-nous, Mesdames ; il est si facile de le faire aujourd'hui.

Que Dieu me garde de vouloir faire de vous des femmes soi-disant savantes, qui laisseraient là leurs devoirs essentiels pour lire romans et feuilletons ou les revues équivoques trop répandues, même dans nos familles chrétiennes.

Non, non, ce n'est pas cela que nous voulons ! Nous voudrions que, dans toutes les familles, la mère soit au courant des événements principaux et des choses de son

temps, que toutes les questions sociales si
passionnantes à notre époque de lutte, la
préoccupent ; qu'elle s'intéresse à toutes
les œuvres catholiques, qu'elle sache au
moins les noms de nos grands orateurs contemporains, qu'elle prie chaque jour pour
que Dieu donne au Pontife suprême et à
nos Évêques les lumières nécessaires pour
nous guider à travers la nuit toujours plus
noire, que les époux chrétiens s'entretien-
nent de tout ce qui est grand et beau, que
leurs âmes vibrent ensemble au récit des
actions nobles, généreuses et sublimes.

Que tout ce qui reste de familles saines
en France s'entendent pour combattre les
lois que nous impose le régime que nous
subissons. Vous allez me dire, Mesdames,
que c'est de la politique, et que les femmes
qui se mêlent de politique risquent de devenir ridicules. Dites-moi, Mesdames les
raisonneuses, est-ce de la politique la loi
du divorce, ou n'est-ce pas plutôt une

menace de votre bonheur d'épouses? Est-ce
de la politique la prochaine abrogation de
la loi Falloux sur la liberté de l'enseigne-
ment? Loi qui vous ôtera toute possibilité
de faire élever vos enfants autrement que
par des maîtres souvent indignes?

Que dans chaque famille de nos ligueuses,
à la veillée par exemple, le père ou la
mère lisent les discours de nos grands orateurs catholiques défendant à la Chambre
nos derniers lambeaux de liberté, qu'ils
lisent surtout les lumineuses encycliques
de notre Vénéré Pape Pie X. Qu'ils sou-
tiennent de leur concours actif, et quelquefois de leur argent, ceux qui luttent pour
délivrer notre pays du joug du *triangle*.

Comprenez-vous, Mesdames, combien la
vie ainsi dirigée serait belle et heureuse,
si humble qu'elle soit? Quel exemple et
quel apostolat au milieu de tant de dis-
cordes et de haines!

Luttons, prions, Mesdames, pour que

Dieu multiplie ces foyers bénis où son image est à la place d'honneur, ces foyers où les époux chrétiens comprennent la grandeur de leur mission, mission sublime qui est de donner des enfants vaillants à la France et des élus au Ciel.

TROISIÈME CONFÉRENCE

L'ÉDUCATION DES FILS

MESDAMES,

Avoir des fils, n'est-ce pas le rêve de toute mère et surtout de tout père ! Il semble vraiment qu'il s'attache une certaine pitié aux parents qui n'ont que des filles.

Voyez dans les familles, aussitôt une naissance annoncée, tous, père, grands-parents et amis se précipitent pour savoir quel est le petit être qui vient d'ouvrir ses yeux à la lumière.

Est-ce un fils ? La joie n'a plus de bornes ; la maison retentit de paroles joyeuses. Le jeune père remercie sa chère épouse de lui

avoir donné un fils qui continuera sa race.
Tous complimentent et félicitent ces heureux parents.

Est-ce une fille, la première née surtout? Le père, la mère, la famille est dé-
çue, presque humiliée. La seule consola-
tion que tous offrent au père, c'est qu'une
autre fois Dieu enverra un fils.

Enfin, c'est un fils! Que va-t-on faire de
ce joyau? Tout d'abord, il me semble, Mesdames, que la première chose à faire est
de retirer votre enfant de la servitude de
Satan et de le faire baptiser le plus tôt possible. Il reste peu de familles assez ferventes pour ne pas différer le baptême.
Pour une raison ou pour une autre, l'attente se prolonge des mois. Une jeune
femme peut en toute sûreté être jugée sur
son degré de foi en voyant le temps qu'elle
laisse son enfant en danger de mourir sans
être chrétien; et, en général, sa valeur
morale sera en rapport avec l'accom-

plissement de ce premier devoir essentiel.

Si l'enfant est baptisé quelques jours
après sa naissance, avant que la jeune
femme puisse présider le repas de fête,
soyez sûres qu'à l'avenir cette femme sera
forte. Elle ne compte pas, elle, c'est le
cher petit être qui devient tout. Cette petite âme, à peine détachée de la sienne et
qu'elle offre au Saint-Esprit pour en faire
son temple aussitôt qu'elle le peut, portera
bonheur à son avenir.

Veillez, Mesdames, sur vos petits enfants.
Que rien de ce qui les concerne ne vous
soit indifférent. Dès l'âge de sept à huit
mois, habituez votre enfant à envoyer un
baiser au crucifix : ce sera sa première
prière. Mettez la foi dans l'âme et je dirai
même dans le sang de votre enfant. Surtout rappelez-lui tous les jours la sainte
présence de Dieu et de son Ange gardien.
Rien ne lui donnera le respect de lui-même

comme la conviction que Dieu le voit toujours.

Surtout, Mesdames, faites bien attention à son entourage. N'acceptez pour vous remplacer près de lui que des personnes de mœurs parfaites. Rien n'échappe à l'enfant, et si, dans ses premières années, il est en contact journalier avec des gens vicieux, il est perdu. Plus il sera intelligent, plus il sera en danger.

Entourez-le de l'hygiène nécessaire à l'enfance. Réglez vous-mêmes ses repas, ses promenades et jusqu'à son sommeil. Ne le mettez jamais au lit sans lui faire faire sa petite prière. Que le nom de Jésus soit le premier qu'il prononce; « les genoux de la mère doivent être le premier prie-Dieu de l'enfant. »

Nous voudrions, Mesdames, que dans votre chambre qui doit être aussi la chambre des petits, le Christ soit à la place d'honneur avec le drapeau aux trois couleurs, l'emblème de la foi entouré de l'emblème de la Patrie. Que votre fils grandisse en mélangeant ces deux amours.

Quand sera venu le moment de la première communion, oh! préparez-le vous-même. Que longtemps avant, dans la famille, on parle de ce jour avec émotion. Faites tous les sacrifices possibles pour que l'enfant ne manque pas le catéchisme de la paroisse, habituez-le de bonne heure à concevoir autant de respect que de confiance pour le prêtre chargé de sa formation religieuse. Dès qu'il peut comprendre, faites-le prier pour notre saint Père le Pape, pour les Evêques, surtout pour le Curé de sa paroisse. Quand vous sortez en promenade avec votre fils, ne rencontrez jamais un prêtre, un religieux, une religieuse, sans faire saluer votre enfant et sans saluer vous-même avec déférence. Pour lui, pour vous, pour les croyants, ils sont les repré-

sentants de Dieu et dignes de ce titre de
vénération.

Que la première visite de Jésus Hostie
soit le digne prélude de la vie sérieuse de
l'adolescent. Préparez votre fils pour la
mission que tout homme doit accomplir
en ce monde : servir Dieu et son pays.
Elevez-le virilement, n'ayez pour lui aucune
de ces mièvreries qui rendent lâche. For-
cez-le doucement à avoir de la volonté. Il
a confiance en vous, profitez-en ; donnez-
lui la vaillance en louant le courage qui
est l'apanage de l'homme. Faites-en un
homme d'honneur, l'habituant dès ses
premiers ans au respect de la parole donnée ; mais en même temps, apprenez-lui la
prudence qui fait réfléchir avant de s'en-
gager. Dans ses jeux, faites-le loyal, incapa-
ble de la moindre tromperie ; surtout faites-
lui comprendre très délicatement qu'il
doit rester chaste, que presque toujours
Dieu récompense ici-bas le jeune homme

de bonnes mœurs en lui envoyant pour
épouse une compagne selon son cœur.

Dans ses études, orientez-le vers cette
idée qu'il doit cultiver son esprit, se trem-
per le caractère, non seulement pour se
créer un bel avenir et faire votre joie, mais
aussi pour devenir l'ouvrier des œuvres
sociales de son pays ; que plus il sera
instruit et accueillant à tous, plus il aura
d'influence dans le milieu où Dieu le placera.

Faites donc de vos fils, Mesdames les
ligueuses, des hommes de choix qui trace-
ront de lumineux sillons pour y entraîner
les multitudes d'indécis qui n'attendent
qu'une main tendue avec amour pour cou-
rir au bien.

Si, dans chaque région, et pour chaque
carrière, nos ligueuses donnaient au pays
des hommes de cette trempe, dites, oh !
dites-moi, Mesdames, qu'elle serait belle
notre France, avec la devise vraie, cette

fois, qui depuis tant d'années s'étale en
vain sur nos monuments publics :

Liberté. Égalité. Fraternité.

Nous, les catholiques, nous remplace-
rons les trois points ironiques par les traits
d'union du conseil évangélique :

Aimez-vous les uns les autres.

Et puis, Mesdames, nous vous demandons instamment d'apprendre à vos fils le
respect de l'uniforme du soldat. Que pour
lui, ce soit une récompense d'aller voir
une revue militaire, appelée à lui donner
confiance dans l'armée de son pays. Pour
l'enfant, ces quelques régiments paraîtront
une multitude. Il gardera la foi dans les
futurs triomphes. Faites-lui comprendre
que les meilleurs comme les plus respectés
des chefs ont pour récompense de leur valeur la croix du Sauveur, attachée sur leur

poitrine avec le ruban couleur du sang
généreusement versé. Qu'ils soient témoins, au moins une fois, du salut au drapeau ; qu'ils voient de tout près que depuis le conscrit d'hier qui sent encore sur
sa joue la caresse des lèvres maternelles,
jusqu'au vieux général à la limite d'âge,
tous s'inclinent le cœur saisi de respect
devant le Drapeau ; car pour les spectateurs
comme pour les soldats, le Drapeau est si
bien l'emblème de la patrie que, quand le
vent vient à agiter ses plis, tous s'inclinent
plus bas encore, croyant entendre palpiter
l'âme de la France.

Après les grandes manifestations de foi
au Dieu de l'Eucharistie, je ne sais rien de
plus beau, de plus réconfortant qu'une
manifestation patriotique spontanée dont
il y a quelques années j'étais témoin.

La veuve d'un officier d'avenir, mort aux
colonies, tenait par la main son fils, âgé
de huit à dix ans, quand déboucha, au

4

coin d'une rue de Paris, un régiment se
rendant à la revue, drapeau en tête. Fille
et femme de soldat, la mère en deuil avait
conservé le culte du souvenir. Elle et son
enfant regardaient avec amour arriver le
brillant régiment. Il y eut un arrêt forcé
et l'enfant se trouva tout près du drapeau.
La mère soulevant son fils l'approcha assez
près pour qu'il pût le toucher. L'enfant,
tout saisi en sentant sous ses mains cet
emblème que depuis longtemps il admi-
rait de loin, se mit à le baiser avec passion.
Un frisson d'enthousiasme parcourut la
foule, les bravos éclatèrent, et peu s'en
fallut que l'enfant ne fût porté en triomphe,
tant il est vrai qu'envers et contre tous l'a-
mour de la Patrie est déposé par Dieu dans
les âmes. Ce n'est quelquefois plus qu'une
étincelle, mais c'est assez. Qu'un vent de
guerre vienne à passer sur cette étincelle
sacrée et la flamme du patriotisme jaillira,
plus brillante que jamais.

Vous avez déjà entendu, Mesdames, ces gens qui n'ont de Français que le nom et qui s'en vont répétant partout que nos gouvernants font bien de laisser subir à notre France aimée affronts sur affronts, car, disent-ils, si nous répondions crânement comme autrefois, nous aurions la guerre et nous serions battus et infailliblement battus.

Non, non, Mesdames de la Ligue patriotique des Françaises, nous ne serions pas les vaincus, mais les vainqueurs. Tous les hommes de France, jeunes ou vieux, emportés par la vaillance de notre race, se lèveraient comme un seul homme ; les haines, les sectes, les partis disparaîtraient. Il n'y aurait plus là que des Français se confondant dans les rangs serrés des volontaires, et nous, les mères, les sœurs, les femmes, les fiancées, non seulement nous relèverions les blessés, mais, s'il le fallait, nous passerions les cartouches.

QUATRIÈME CONFÉRENCE

L'ÉDUCATION DES FILLES

MESDAMES,

Vous toutes, Mesdames, qui êtes mères de famille, vous êtes fières d'avoir des fils, vous en êtes heureuses, surtout pour votre mari, et pour la joie bien légitime de continuer votre nom ; mais dites-moi, Mesdames, est-il une mère pleinement heureuse si elle n'a pas de filles ?

Vos fils vous aiment, c'est certain ; car vous, ligueuses, vous ne pouvez pas avoir des enfants dénaturés ; mais vous le disent-ils souvent ?

Vos caresses maternelles sont-elles reçues avec joie, passé douze ou quinze ans ?

Quel adolescent, même sérieux, ne rougirait pas d'être traité en enfant hors de la famille ?

Comme si le baiser d'une mère n'était pas une chose enviable entre toutes, et à tous les âges.

Il en est autrement de votre petite fille; le premier sourire est déjà plus doux, les premières caresses plus tendres, elle est plus à vous; enfin c'est une autre vous-même, comme vos fils sont d'autres lui-même pour votre mari.

Pour mieux nous comprendre, prenons une comparaison :

La famille, c'est le jardin de votre vie, vous récolterez moralement, ce que moralement vous sèmerez ; et, si votre époux, aidé de votre concours, dirige et conduit les fils que vous lui avez donnés, comme de vrais arbres qui, à l'âge mûr, produiront leurs fruits, vous, les mères, Dieu vous a chargées du jardin d'agrément, c'est-à-dire des fleurs de la terre.

Oh ! de grâce, Mesdames, prenez à cœur l'éducation de vos filles, non moins importante que celle de vos fils, mais autrement délicate.

Rappelez-vous que la devise de cette enfant qui sera la femme de demain tient en ces trois mots :

Prier, aimer, souffrir.

La prière, à quel âge, me demandez-vous, faut-il faire prier notre petite fille?

Comme ses frères, soir et matin, elle enverra son baiser au Christ, et vous lui inspirerez un amour de prédilection pour la statue de la Sainte Vierge tenant son enfant dans ses bras.

La petite fille, par sa nature plus raffinée, par son cœur que Dieu a pétri d'amour, est beaucoup plus tôt sensible aux choses qui l'entourent que votre fils.

Faites-y bien attention, ce qui sera suf-

fisant pour lui, sera incomplet pour elle ;
le même système d'éducation familiale
pourrait donner un caractère élevé à votre
fils et faire une nullité de votre fille.

Donc prenez la devise à la lettre, et commencez par la prière : que votre petite fille
vous voie prier. Un excellent moyen
serait, quand vous mettez l'enfant au lit
le soir, de faire, près de son berceau, pendant les quelques minutes qui précèdent
le sommeil, une prière fervente, lui apprenant au besoin par une petite correction
à rester tranquille, parce que lorsqu'on
parle au bon Dieu on ne doit pas être dé-
rangée.

Si, pendant les deux ou trois années de
la première enfance, chaque mère prenait
cette habitude de prier en endormant son
enfant, regardant le Christ avec amour,
priant avec respect et ferveur, prononçant
haut et lentement les paroles, ne serait-ce
pas, Mesdames, une douce harmonie ca-

pable d'endormir ces anges ? Et si, soir et matin, le chérubin entendait sa mère lui rappeler le ciel et ses beautés, quel effet merveilleux sur cette jeune âme ! avec quelle douceur l'éducation de la prière serait faite !

La petite fille, religieuse déjà par nature, tout imprégnée de la foi que vous aurez su mettre dans vos invocations journalières, aura bientôt d'elle-même recours à Dieu dans ses petits chagrins, plus tard dans ses grandes douleurs.

Faites de votre fille la médiatrice de la famille près du Très-Haut ; s'il arrive une maladie, un accident, vite, vite, faites prier l'enfant, donnez-lui la conviction sainte que la prière d'un cœur innocent supprime les distances et que quand elle prie, Dieu est là qui l'écoute.

Quand votre fillette a désobéi, moins par suite de la légèreté excusable de l'enfant qu'avec un certain entêtement déjà rai-

sonné, faites-lui comprendre que la faute
est plus grave, étant vraiment voulue, et
que cette fois elle a fait de la peine au Bon
Dieu; donnez-lui la crainte d'amour, qui
n'est autre chose que la contrition parfaite
apprise au catéchisme.

Voyez, Mesdames, si votre enfant chérie
a eu ses premières années toutes parfumées
de prières au Petit Jésus, de prières à l'Ange
gardien qui dit à Dieu tout ce que fait
l'enfant confié à sa garde, vous serez toute
puissante pour diriger son éducation, car
Dieu ne se contredit jamais étant la vérité
même, et Lui qui a dit :

« Laissez venir à moi les petits enfants »,
vous donnera la science nécessaire pour
élever votre enfant jusqu'à Lui.

Monseigneur Dupanloup, qu'il faut toujours rappeler quand il s'agit d'éducation,
a laissé aux maîtres et aux parents chrétiens une méthode merveilleuse dont toutes
les mères devraient s'inspirer.

Son livre « L'Enfant » est un guide précieux. Le puissant génie chrétien a pris
l'enfant au berceau : il a fouillé ses défauts
dans tous leurs détails, pour pouvoir avec
plus de sûreté leur appliquer les remèdes
nécessaires. Ses conseils sont éclairés autant que pratiques. Avec cette doctrine
impeccable, une mère, si peu instruite
soit-elle, peut préparer son enfant même
au grand acte de la Première Communion ;
et quand l'âme de votre fille sera nourrie
du Pain des forts, il n'y aura plus de faiblesse, ce sera pour elle le moment de
l'action chrétienne énergique et féconde.

Vous savez toutes, Mesdames, que nous
autres femmes nous vivons par le cœur ;
donc, savoir aimer, sera pour votre fille la
science suprême. Au lendemain de sa première communion, il est temps de lui
apprendre à vivre : son cœur embrasé par
les visites nombreuses de son Dieu ne
s'égarera pas, si à la base même des

affections humaines se trouve l'amour divin.

Apprenez à votre enfant à vous aimer avec respect, puisque c'est de Dieu même que vous tenez votre autorité ; à vous aimer avec reconnaissance, elle doit savoir que c'est pour elle et pour ses frères que vous peinez et travaillez sans jamais vous plaindre, comme elle doit comprendre que l'avenir de vos enfants est votre plus grand souci.

Faites bien attention, Mesdames, aux premières expansions de sentiments de vos fillettes ; on est si confiant à cet âge ! et une petite amie moins pure qu'elles pourrait leur faire tant de mal !

Soyez sévères sur ce point, mais surtout soyez clairvoyantes ; à partir de la première communion leur entourage doit être plus choisi. Rendez-vous compte de l'influence qu'il peut avoir sur elles ; observez tout ; et, à l'avance, connaissez à fond les enfants

qui plus tard seront dans vos relations ;
préservez vos filles en leur donnant cette
pudeur du cœur et de l'esprit qui les éloigne
non seulement du vice, mais même des
rapports trop familiers avec les natures
vulgaires.

Surtout, oh ! surtout, Mesdames, ne
soyez pas l'amie de votre fille, restez sa
mère : ce titre si grand, si saint, dans
lequel s'incarne tout ce que le cœur humain
peut contenir de puissante tendresse, est
assez beau pour que vous ne le changiez
pas en celui d'amie, devenu banal, tant il
est souvent mal employé.

Une vertu familiale que je souhaite à
nos ligueuses, c'est la clairvoyance, car
une mère en a grand besoin pour conduire
sans heurts les âmes de ses enfants à travers les écueils de la jeunesse. Heureusement que Dieu lui a donné l'expérience de
la vie, où elle a eu tant à lutter elle-même
pour rester fidèle au devoir ; étant avertie,

elle n'exposera pas sa fille au danger des mêmes occasions.

Quand l'enfant sera devenue femme, et que sonnera l'heure des décisions graves, la mère ayant prié de tout son cœur, ne commandera pas, elle dirigera le choix de sa fille : si leurs cœurs sont très unis, il est impossible que la jeune fille n'écoute pas sa mère ; il faudrait pour cela que, par un aveuglement inexplicable, la mère ait imprudemment toléré d'abord une affection qu'elle savait ne pouvoir admettre plus tard.

Voici, Mesdames, que, de notre devise, il ne reste à étudier que la souffrance.

Vous voudriez éviter la souffrance à votre enfant, c'est très naturel, mais c'est impossible. Elle souffrira, c'est le lot de toute créature ; elle souffrira physiquement, puisque Dieu a permis qu'elle paie par la douleur la gloire d'être mère ; elle souffrira peut-être encore plus moralement,

nul ne le sait ; faites-la donc forte en face
de la souffrance du corps, et elle ne pourra
pas être faible devant la souffrance de
l'âme.

Commencez, Mesdames les mamans, par
le premier bobo sérieux ; dites bien à la
petite fille que plus elle pleurera, plus elle
aura mal, que le courage adoucit la souffrance ; et quand l'enfant aura fait un
effort pour ne pas se plaindre, encouragez-
la tout de suite, en disant devant elle au
papa et au grand frère combien elle est
forte, et louez son courage.

C'est un levier puissant que l'amour-
propre, et puisqu'il existe à bonne dose
dans notre sexe, faisons-le servir au bien.

Ne vous affolez pas au moindre danger :
restez calme, donnez vous-même l'exemple ;
que votre fille soit témoin de votre courage
à supporter toutes les petites misères fé-
minines ; apprenez-lui la science des forts,
le sacrifice. Si bien élevée soit-elle, votre

fille ne sera heureuse et ne rendra heureux les siens qu'en étant dévouée jusqu'à s'oublier toujours pour les autres.

Qu'une légère indisposition qu'elle
éprouvera ne mette pas la maison sens
dessus dessous ; soignez-la bien, c'est votre
devoir, mais habituez-la à l'endurance, ne
l'amollissez pas, ce serait une faute.

Quand, à force de courageuses paroles,
et de plus courageux exemples, vous aurez fait une femme forte, résistante à la
souffrance physique, son âme, habituée
déjà à l'énergie nécessaire pour ne pas
se plaindre, sera prête pour les plus
grands sacrifices ; les douleurs morales qui
ne manquent à personne fortifieront sa
vigueur au lieu de l'affaiblir, et la fleur
superbe que vous aurez soignée avec tant
d'amour embaumera votre vie.

CINQUIÈME CONFÉRENCE

VOCATION DES FILS

Mesdames,

C'est un moment de graves soucis pour toutes les familles françaises, que celui où arrive pour les fils l'heure de payer la dette d'honneur à la patrie.

Aimer la France, la servir, mourir pour elle sur le champ de bataille, il est peu d'adolescents qui n'aient rêvé cette gloire, et nous sommes heureuses et fières, Mesdames de la Ligue patriotique, que vos fils, élevés par vous, trouvent cette fin sublime! Elle l'est vraiment; mais ce qui n'est pas sublime, c'est la caserne où il faut passer pour apprendre le métier des armes.

Que n'a-t-on pas dit sur l'immoralité des casernes ? Eh bien, au risque de paraître trop confiante, je me crois permis de ne pas partager ici toutes les idées des critiques de notre armée.

Rien n'est si contagieux pour les jeunes gens que l'exemple. Ces petits soldats ne sont-ils pas de grands enfants ? Ce qu'un d'entre eux fait avec aplomb, surtout s'il a su se faire aimer de ses camarades, tous le feront.

Voici donc l'occasion trouvée pour nos fils de fuir le mal, en apprenant aux autres à faire le bien. Si votre fils commence d'abord par être bon, gai et serviable à tous, il aura vite fait de conquérir l'unanime sympathie de son régiment. Il ne lui faudra pas trois mois, s'il est de plus intelligent et adroit, pour se faire respecter et aimer. Un comme cela par chambrée et bientôt il y aura décroissance de la trivialité dans les rapports journaliers, quand

tous verront le meilleur d'entre eux s'abstenir de mots grossiers et de procédés par
trop primitifs.

Le fils d'une de nos ligueuses, simple
sergent, faisait ce qu'il voulait de ses
hommes, en leur disant, quand ils se que-
rellaient, ou qu'ils chantaient des chan-
sons obscènes : « Allons, les amis, avez-
vous la prétention de revenir à l'état sauvage? Alors, ôtez-moi l'uniforme de soldat français. Allons, allons, un peu de
tenue, s'il vous plaît. Vous, comme moi,
nous sommes des enfants de France et
non des Iroquois ! » C'était fini. Aussi,
comme il les aimait ses soldats ! Ses trois
années de service militaire lui ont laissé
le très doux souvenir d'avoir rendu meilleurs plusieurs de ses camarades. A la caserne, il a trouvé aussi une affection frater-
nelle qui rayonnera sur toute sa vie.

La deuxième année de son service, à la
rentrée des bleus (comme les soldats nom-

ment les nouvelles recrues), arriva dans
la section de notre sergent un séminariste
qui, loin de dissimuler son sacerdoce pro-
chain, le laissait deviner sans ostentation.
Sa tenue était irréprochable : toujours le
premier à l'appel, le mieux astiqué, le plus
respectueux à l'égard des chefs, le plus
adroit à l'exercice, il ne méritait que des
éloges.

Ceci ne faisait pas l'affaire des mauvaises
têtes, fruits mûrs de la laïque à qui on
avait toujours représenté le prêtre comme
un être de mensonge et de haine. Déjà ils
avaient mis à une rude épreuve la patience
du petit sergent. Mais il était tenace le
fils de la ligueuse ; et à force de bons procédés, de gaieté et de joyeux entrain, ils
étaient, comme les autres, devenus ses
amis.

Presque tous de la même région ils se
connaissaient un peu. Notre sergent, riche
et intelligent, se promettait bien au sortir

du régiment, d'aider ces égarés à réparer leur passé. Sept ou huit d'entre eux avaient subi des condamnations. Fils et petit-fils de soldat, le sergent aimait le régiment et se montrait en toute occasion parfait camarade. Ce contact avec de pareils hommes avait même épouvanté sa famille. Seule, sa mère était tranquille, car en lui formant une âme d'apôtre, elle lui avait donné le moyen de sauver les âmes de ses frères là où d'autres moins bien trempés auraient perdu la leur.

Quelques semaines avant l'arrivée du séminariste, la chambrée avait été témoin d'un incident pénible : un porte-monnaie avait disparu, et par un hasard providentiel notre sergent, très éveillé, avait aperçu celui qui l'avait pris, au moment où il le cachait dans sa chaussure. Il ne dit rien, fit défaire tous les paquetages. Quand tout fut remis en ordre, il se rapprocha sans affectation, fit signe au malheureux auquel

il avait donné beaucoup de preuves de
bonté et par un ordre bref, il éloigna les
autres. Alors, vivement, s'emparant du
porte-monnaie, il força le soldat à remettre l'argent sous le lit du camarade volé,
comme s'il y était tombé par hasard. Ce
fut l'affaire d'un instant. Le pauvre enfant
élevé dans le vice sentait tellement la su-
périorité de son chef qu'il ne lui vint pas
même à l'esprit de résister. Puis, pour
éloigner tout soupçon, le sergent conduisit
le coupable à la cantine, et, devant les autres, trinqua avec lui. Personne ne dit
mot, mais tous avaient compris. A partir
de ce jour, ce ne fut plus de l'affection que
l'on eut pour le sergent, ce fut de la vénération.

Ayant les mêmes pensées, les mêmes
sentiments, il eût été naturel que le sergent
et le séminariste se liassent intimement.
Mais l'enfant du riche poussa la délicatesse
jusqu'à se refuser la joie de cette intimité,

afin de ne pas froisser ses vieux amis et surtout les malheureux dévoyés. Il eut à lutter contre lui-même, car il se sentait invinciblement attiré par cette auréole que la persécution met au front de nos Prêtres. Il se tint donc sur la réserve et empêcha simplement ses hommes d'être grossiers.

Quelques mois se passèrent ainsi. Le futur prêtre, par sa crânerie et ses manières parfaites qui n'excluaient pas une entière bonhomie, commençait à se tenir moins à l'écart. Mais un jour, notre sergent revenant d'une courte permission, entendit en arrivant au-dessus de l'escalier un bruit étrange, comme des chuchotements et des rires étouffés. Intrigué, il poussa doucement la porte et que vit-il? Le séminariste que ces malheureux avaient affublé d'une draperie blanche et attaché entre deux planches, formant ainsi une espèce de confessionnal. L'un après l'autre, les plus mau-

vais sujets venaient débiter des infamies
aux pieds du futur confesseur qui, pâle et
les mains jointes, ne faisait que répéter
les paroles du Maître : « Pardonnez-leur,
mon Dieu, ils ne savent ce qu'ils font. »
Les autres, lâchement, se contentaient
de rire niaisement au fond de la chambrée.

Le sergent demeura immobile ; mais une
idée de génie lui vint. Au lieu de s'emporter et de punir, comme c'était son droit et
peut-être son devoir, il ne dit rien et se mit
derrière les autres, feignant de prendre son
tour. Cette attitude était si peu celle que
ses hommes attendaient, qu'ils s'écartèrent
machinalement pour lui laisser la place ;
il s'agenouilla et, crânement, commença
ainsi, tout haut : « Mon Père, je m'accuse
d'avoir manqué à la charité. J'ai dit que je
connaissais les hommes de notre garnison
qui, l'année dernière, avaient jeté un civil
à la rivière. On a repêché l'homme, c'est

vrai ; mais cependant si je les nommais avec preuves à l'appui, ils iraient visiter les colonies. J'ai dit aussi, mon Père, que j'avais, non pas dans ma poche, mais dans ma tête, la liste des hommes du régiment qui ont déjà subi des condamnations infamantes : je pourrais même donner le signalement de certain porte-monnaie qui, paraît-il, se promenait seul à la même place où vous êtes, il y a quelques mois. Mais c'est assez pour aujourd'hui, mon Père : ceux qui voudront des détails plus précis viendront me les demander ; je suis homme à leur fournir le nécessaire, ne craignant qu'une chose : faire le mal. » Puis, se levant, le sergent donna l'accolade au séminariste, le débarrassa de ses liens et, se tournant vers les soldats, il leur présenta son nouvel ami, son plus cher ami qui, bien loin de l'empêcher d'aimer les autres, allait l'aider à leur faire comprendre la vie honnête.

Personne ne reparla de la scène du confessionnal; mais le sergent fut si adroitement dévoué, le prêtre si saintement bon, qu'au lieu de se réjouir lorsqu'arriva le départ de la classe, tous évitaient ce mot de séparation.

Il y a déjà plusieurs années que le fils de notre amie est revenu de la caserne. Il a, par son influence, placé la plupart de ces mauvaises têtes, conservé avec tous des relations suivies. Chaque année, il réunit les hommes de son ancienne chambrée en un dîner fraternel et c'est le séminariste, devenu prêtre de Jésus-Christ, qui dit le *Benedicite.*

Mais le couronnement, l'apothéose de cette fraternité nouvelle, c'est qu'il est bien convenu que, lorsqu'ils seront en danger de mort, le prêtre viendra, en ami cette fois, entendre la dernière confession. Ses mains, qu'ignorants ils avaient liées pour l'outrager, se lèveront pour les absoudre :

maintenant, ils connaissent Dieu et sa
religion sainte.

Ici, Mesdames, j'appelle votre attention
sur le devoir rigoureux qui nous incombe-
rait si Dieu faisait entendre l'appel divin
à un de vos fils. Si, après avoir veillé avec
amour sur son berceau pour recevoir le
premier sourire, après avoir semé dans
cette petite âme, par vos soins maternels,
le germe des grandes vertus chrétiennes,
si, dans ce terrain préparé par vous mais
fécondé par le regard du Tout-Puissant,
se lève tout doucement, près de votre cœur,
la fleur divine du sacerdoce, acceptez la
volonté de Dieu. Ne provoquez pas la vocation sainte, cela ne dépend pas de vous;
mais je vous en conjure, respectez-la. Que
cet enfant qui sera peut-être plus tard l'élu
de Dieu soit déjà dans votre cœur l'oint
du Seigneur.

Lorsqu'il vous fera les premiers aveux,
ne le rebutez pas en lui disant, ou que

son père serait hostile, ou que vous-même trouveriez le sacrifice trop grand. Si votre enfant vous aime ardemment, il s'effraiera de votre peine et peut-être tâchera-t-il de se dérober à Dieu. Mais priez et dites-lui que des années sont nécessaires pour être sûr d'une vocation aussi sainte. Faites avec lui, dans cette intention, une prière journalière en plus de la prière en famille : l'enfant sera heureux que vous l'aidiez à lutter contre lui-même. Faites-lui comprendre que le sacerdoce a toujours été, mais est surtout de nos jours, une vocation apostolique au premier chef ; plus de sécurité d'avenir, plus de prestige, et qui sait ?... peut-être la prison ou l'exil.

La vocation ainsi envisagée sera plus surnaturelle. Aucun espoir de bien-être humain ne ternira, ni pour vous, parents chrétiens, ni pour l'élu, la splendeur du sacrifice consenti ; et cette vocation, regardée de tout temps comme une bénédiction par les familles chrétiennes, deviendra plus auguste encore.

Dès les premiers signes certains d'une vocation au sacerdoce, l'enfant devra être mis à un régime moral particulier. Vous, sa mère, priez pour que le divin Ouvrier taille lui-même ce joyau. Faites surtout prendre à l'enfant l'habitude du sacrifice continuel : sacrifice en tout et pour tout. Votre cœur de mère les adoucira et votre enfant deviendra héroïque sans s'en apercevoir.

Lorsque vous l'enverrez aux maîtres qui doivent l'élever jusqu'à l'autel, le plus rude du chemin sera fait. Habitué à se dominer, à s'oublier pour les autres, il marchera à grands pas dans la voie sainte. Puis quand, heureuse famille et surtout heureuse mère, vous verrez ces mains aimées qui si souvent vous ont caressée, élever à l'adoration des fidèles l'Hostie de la première consécration, tous les déchirements de la sépa-

6

ration seront oubliés. Et quand, à la sainte
Table, celui que vous avez nourri de votre
lait vous nourrira à son tour du Pain de
vie, vous pourrez, comme le saint vieillard
du Temple, dire votre « Nunc dimittis ».

Veillez donc, Mesdames, à ne pas con-
trarier la vocation de vos fils : on ne résiste
pas à Dieu. Notre pauvre France a tant
besoin d'apôtres pour la retirer du paga-
nisme où elle s'achemine à grands pas,
qu'il serait à souhaiter que chaque jour,
chez nos ligueuses, à la prière de famille,
le père et la mère offrissent leurs enfants
à Dieu, le priant de se choisir au moins
un élu parmi eux.

Et puis, Mesdames, à notre époque de
luttes sociales, le Prêtre n'est pas le seul
qui ait un sacerdoce à exercer. L'apostolat
laïque ne fait-il pas partie de nos mœurs
nouvelles? On n'entend parler de tous côtés que de conférences données par des
jeunes gens instruits, comme notre Meu-

nier Vendéen, ou par des orateurs de talent qui subjuguent et entraînent à leur suite les intelligences les moins préparées, leur démontrant clairement leur devoir social de catholiques, embrasant d'une charité féconde des vies jusque-là égoïstes et stériles.

Si tous vos fils n'ont pas la facilité nécessaire pour parler aux humbles et instruire ceux qui ignorent Dieu, ils peuvent, quelle que soit leur position sociale, être des hommes de bien et faire rayonner autour d'eux la charité évangélique. Apprenez-leur la bonté et ils attireront plus d'âmes à Dieu que par de longs discours. Dans une société bien organisée, il y a place pour tous. Et puis, Mesdames, faites comprendre à votre fils qu'il doit toujours rester lui-même, et l'avenir lui apprendra que, pour avoir l'estime des gens, il n'est pas nécessaire d'être toujours de leur avis, au contraire.

Un homme dont la vie est assez honorable pour commander à tous le respect, peut acquérir une influence énorme dans le milieu où Dieu le placera. Pour cela, que faudra-t-il? Etre serviable et bon, d'une bonté inépuisable, ayant pitié vraiment de la pauvreté matérielle, mais plaignant davantage encore la pauvreté morale, s'efforçant de faire comprendre à tous ces déshérités qu'en suivant tous les commandements de Dieu, ils trouveront même la clef du bonheur humain. Leur âme, en effet, a d'insatiables désirs de félicité et d'infini, et si Dieu donne à chaque être créé ce qui est nécessaire à son existence, aurait-il donc refusé aux âmes faites à son image l'aliment surnaturel qui doit les faire vivre? Seule, l'observation de la loi divine peut satisfaire les aspirations de l'âme humaine et lui donner le bonheur. Le nier est une folie inspirée par l'orgueil qui ne veut pas s'incliner devant Dieu.

C'est pour cela que Lucifer, l'immortel or-
gueilleux, a dans son armée tant de petits
savants qui, comme l'ange rebelle, dressent
leur parcelle de science humaine devant la
divinité du Créateur, et s'en servent pour
la nier.

C'est pour la même raison que tous les
grands génies, depuis Socrate jusqu'à
Pasteur, que tous, en fouillant les secrets
du fini, ont trouvé et adoré l'Infini.

SIXIÈME CONFÉRENCE

FLEURS D'AVENIR

MESDAMES,

Dieu, l'Etre infiniment parfait, a fait de l'homme le roi du monde; comme souverain, l'homme peut choisir sa voie.

Du palais à la chaumière, tout homme qui naît donne à sa famille l'espoir d'un « avenir brillant ».

La fleur d'avenir qu'est votre fille, Mesdames, n'aura plus ordinairement qu'à attendre près de vous le compagnon de route dont le nom doit être uni au sien dans le livre de vie.

Utilisez avec grand soin les quelques années, bien courtes souvent, qui séparent la fin des études de l'époque du mariage;

utilisez-les en éducatrice habile ; votre propre expérience vous sera en cela d'un puissant secours.

Ne reculez pas devant ce travail, il est absolument nécessaire ; tous les métiers, si infimes soient-ils, supposent un apprentissage, et cependant combien de mères lancent leurs filles dans cette vie nouvelle d'épouses et de mères, situation difficile entre toutes, sans les initier à la moindre notion de leurs devoirs !

On parle sport, toilette, bals, réjouissances de toutes sortes, comme si ces quelques années de liberté devaient être le but de la vie. Et cependant que de choses plus sérieuses n'auriez-vous pas à apprendre à celles dont vous devez préparer l'avenir !

Ici, Mesdames, j'appelle votre attention vigilante sur le danger qui menace la jeunesse de notre époque. Prenez garde, Mesdames, prenez garde à l'atmosphère am-

biante ; de nos jours elle engendre souvent
la névrose morale. La neurasthénie, c'est la
maladie à la mode et nous en connaissons
tous de ces natures déséquilibrées que les
médecins appellent « des malades » et les
indulgents « des faibles ». La neurasthénie,
Mesdames, c'est le ver rongeur de tout ce
qui fait la beauté de la vie, l'extinction de
nos facultés d'énergie et de grâce ; réagis-
sons toutes, Mesdames, contre cette décadence de notre race. Vous, mères chrétiennes, ligueuses de France, formez-nous
des femmes fortes, des femmes qui re-
gardent le devoir en face, des femmes qui
ne s'évanouissent pas à la première décep-
tion, des femmes gaies, courageuses,
vaillantes. Il faut que cet être si charmant,
qui commence la vie en souriant, échappe,
s'il se peut, à toute faiblesse, soit physique,
soit morale.

Agissez avec méthode ; en éducation la
méthode est essentielle. Votre programme

sera court, mais clair ; il tiendra dans trois
mots :

Le travail ordonné,
La charité éclairée,
Le dévouement à tous.

D'abord le travail. Vous me direz peut-
être, Mesdames, que votre enfant ne doit
pas se fatiguer outre mesure, qu'après
tant d'années de surmenage scolaire un
repos est nécessaire et surtout le repos de
l'esprit. Soit, mais justement pour cela
commencez par lui apprendre la science
du ménage. Cette science n'exige pas une
tension d'esprit bien grande, et elle donne
au corps de la vigueur par l'exercice journalier que ce travail nécessite.

Agissez donc avec douceur : quelquefois
une enfant un peu hautaine ne se pliera
que difficilement aux humbles travaux du
ménage, alors prenez-la par le cœur : si
vous éprouvez un léger malaise ou une fatigue momentanée, saisissez cette occasion.

Demandez à votre fille chérie de vous aider ; si vous l'avez élevée comme il convient, elle n'attendra même pas cette demande, elle la préviendra et peu à peu prendra goût à des détails qu'elle soupçonnait à peine, malgré leur importance dans l'éducation d'une femme.

Combien n'avons-nous pas vu de ces ménages, bien assortis d'ailleurs et s'aimant beaucoup, qui se rendaient pourtant la vie douloureuse, uniquement à cause du manque de savoir-faire, d'initiative et de courage de celle qui devait veiller à tout.

La bonne manière de réussir en cette matière, ce n'est pas de toujours tout faire de vos mains, devant elle, mais de la mettre à l'œuvre sous vos yeux et de l'habituer à vous remplacer au besoin. Donnez-lui l'initiative nécessaire à toute maîtresse de maison, enseignez-lui de bonne heure à établir un budget domestique, et

qu'à partir de la dix-huitième année, elle
soit seule chargée de ce soin. Elle deviendra de la sorte entendue aux divers travaux d'intérieur. Quel avantage ce sera
pour elle quand elle devra les exécuter par
elle-même, ou les faire faire par des domestiques parfaitement, rapidement et avec
économie.

D'autre part votre élève devra vous
rendre compte de ce qu'elle aura trouvé de
défectueux dans l'organisation de la maison. Laissez-lui le plus de latitude possible, ne vous opposez pas aux petits
changements qui lui seraient agréables,
s'ils sont raisonnables ; il y aura par suite
moins de routine et plus d'initiative dans
son action.

En général, la matinée pourrait être
employée tout entière à la science du
ménage, l'après-midi serait consacrée aux
travaux de couture et aux arts d'agrément.

Je vous entends, Mesdames, me dire que
la jeunesse même sérieuse trouverait ce
programme trop austère. C'est possible,
s'il n'était pas suivi de la soirée, qui, dans
toutes les familles bien ordonnées, est
l'heure du repos et de l'intimité.

Débordante de vie et de gaîté, la jeune
fille, n'en doutez pas, sera d'autant plus
joyeuse que la journée aura été plus occu-
pée. L'oisiveté pèse, qui ne le sait? Si elle
ne faisait rien dans la journée, la jeune
fille ne goûterait aucun plaisir au repos du
soir ; pour elle l'ennui continuerait, et
c'est si triste de s'ennuyer à vingt ans !

Mais il en est autrement de la jeune fille
laborieuse ; la soirée c'est son moment à
elle, l'heure de ses ébats, le milieu où elle
règne. Tous, père, mère, frères et grands
parents surtout, seront heureux des élans
de franche gaîté qui rayonnent autour de
cette jeunesse ensoleillée, et ce n'est pas
sans un serrement de cœur que la pensée

leur vient de l'inévitable et trop prochaine séparation.

Et puis, Mesdames, quand votre fille aura acquis, sous votre aimante direction, cette science si nécessaire du ménage et des travaux féminins, pourquoi ne lui donneriez-vous pas pour récompense la liberté d'aller communiquer aux enfants des humbles les connaissances que, plus favorisée, elle a eu le bonheur de recevoir de vous?

Avez-vous pensé, pensez-vous assez, Mesdames les ligueuses, à ces femmes, mères comme vous, chrétiennes comme vous, femmes d'élite parfois, que des devoirs impérieux retiennent et qui ne peuvent pas s'occuper de l'avenir de leurs filles?

Déjà, dans presque toutes nos villes de France, des femmes vraiment héroïques (nos ligueuses souvent), ont créé des œuvres, non de bienfaisance, du moins au sens habituel de ce mot, mais des œuvres que nous pouvons appeler de « prévoyance sociale ». Celle à qui ont été donnés le temps et la facilité d'apprendre la science de la vie, se fait avec amour l'institutrice de celle qui ne sait rien : apostolat très élevé, très délicat, presque surnaturel.

Voici, Mesdames, nos fleurs d'avenir prêtes à s'épanouir aux rayons divins de la charité. Cherchons donc avec nos enfants le champ à défricher, pour que toute notre saine jeunesse aille y répandre les semences parfumées de la vertu.

Le champ est vaste : il s'étend de notre Bretagne catholique à la foi solide comme ses granits, simple et lumineuse comme la fleur de ses genêts, jusqu'à la frontière où Jeanne la Pucelle berce d'espérance les deux sœurs prisonnières des Teutons ; du pays de Jean Bart aux grottes de Massabielle visitées par l'Immaculée à qui nous offrons nos travaux pour la rédemption de

7

notre France. C'est déjà sous son regard de Mère que se tiennent les congrès de nos œuvres. C'est à Elle que nous offrons ce livre, nous lui en dédions toutes les pensées, qu'il lui plaise de les présenter à son divin Fils ! Nos semences sont pauvres, mais Celui qui crée tout de rien saura, s'Il le veut, les rendre fécondes.

A l'œuvre, Mesdames les ligueuses, nos comités sont déjà presque partout organisés : fondons dans chaque paroisse de France des œuvres de jeunesse. Que nos jeunes filles de la ligue, et à leur défaut les jeunes femmes, aillent aider les œuvres existantes ou bien en créer là où elles manquent. Patronages, Ecoles ménagères, Œuvres du trousseau, maison du peuple, bureaux de placement, mutualités maternelles, que tous les genres d'apostolat nous soient familiers. Notre patrie est anémiée, cherchons à lui refaire un sang chrétien.

La ligue patriotique des Françaises

compte des centaines de mille d'adhérentes ; il faut que leur nombre s'augmente, il faut surtout que nous, les aînées, nous fassions des prodiges de vaillance apostolique ; que dans quelques années, il n'y ait si petite paroisse française qui n'ait son comité, ses réunions mensuelles, ses œuvres.

La jeunesse, lorsqu'elle est pure, est toujours ardente pour les choses de Dieu. Laissons-lui les premières places ; le dévouement est inné chez la femme, la priver de cette auréole, c'est l'abaisser. Plus la jeune fille sera bonne et affectueuse dans sa famille, plus elle arrivera facilement au cœur de ceux dont elle prendra la lourde tâche de garder l'âme. Sa devise sera d'aimer et d'aimer encore ces petits enfants à qui leurs parents n'ont pas le temps de procurer autre chose que le pain de chaque jour. Elle donnera, elle, le pain de l'intelligence et le pain du cœur, elle donnera la science de la vie par l'exemple du devoir social gaiement accompli.

Laissez-la se dévouer : le dévouement est l'élément de la femme, là, elle est à l'aise comme l'oiseau dans l'air. Ne vous effrayez pas de son ardeur à conquérir les âmes, c'est le cachet des âmes apostoliques, et Dieu les choisit à tous les degrés de l'échelle sociale.

Si donc il arrivait qu'une de vos filles vînt à s'éprendre d'un idéal de dévouement plus éminent encore, de grâce, Mesdames, restez sereines et remerciez Dieu de choisir votre enfant pour une telle vocation. Je vous vois frémir et me dire que cette supposition est impossible, pour le moment du moins, puisque les congrégations religieuses n'existent plus. C'est vrai ! les vandales ont brisé les portes du jardin de Dieu, et brutalement ils ont fauché les beaux lis. De tous ces florissants pensionnats où d'habiles maîtresses ornaient l'es-

prit et le cœur de la jeunesse des connaissances humaines et des enseignements de
la foi, la France tirait comme d'une pépi-
nière une élite de femmes dignes d'émer-
veiller le monde par leur distinction et
leur mérite. Ces saintes maisons laïcisées,
dispersées, en dépit et à cause de leurs
services, ont, pour un temps du moins,
cherché à l'étranger le droit à la vie que
nos maîtres leur refusent.

Mais il reste, Mesdames, un idéal tellement au-dessus de notre nature qu'il
a quelque chose de divin : c'est cet héroïsme si haut placé que le regard de
Satan n'est pas encore allé jusqu'à lui. Il
reste celles que la sainte folie de la croix
a mises au service de toutes les infirmités
humaines, au service de ceux que la société rejette avec dégoût, il reste les ser-
vantes des vieillards, des idiots, des incu-
rables ; celles-là viennent de temps en
temps vous demander votre obole pour

les pauvres devenus leurs frères, presque leurs enfants.

Vous êtes-vous inclinées avec assez de respect, Mesdames, devant ces âmes d'anges qui ne se servent de leurs corps que pour porter les fardeaux, jamais assez lourds, dont les charge la charité. De leurs mains habituées autrefois à d'artistiques travaux, elles laveront elles-mêmes ces vêtements souillés ayant appartenu à toutes sortes de gens ; de leurs doigts agiles, elles les répareront avec minutie et presque avec respect, puisqu'ils doivent vêtir les membres souffrants du Christ Jésus, le divin Bien-Aimé de leurs cœurs de vingt ans !

Pour moi, chaque fois que ces femmes admirables m'ont fait l'honneur d'entrer dans ma maison, il me semblait que Dieu lui-même me tendait la main. Je ne trouvais jamais mon aumône assez forte ; toujours je les regardais longuement, car sous leur voile je me figurais voir des ailes de séraphins empressés de cacher au Souverain Juge les crimes des uns, et de lui offrir en compensation les généreuses charités des autres.

———

SEPTIÈME CONFÉRENCE

LA PRESSE

MESDAMES,

Aujourd'hui, nous n'envisagerons pas à fond ce vaste et complexe sujet. J'entends seulement émettre ici quelques réflexions sur l'affiche, la conférence, le journal, les brochures et livres laissés aux mains de la jeunesse.

L'affiche est un des moyens usuels qu'emploie la presse. Imprimée en gros caractères et apposée dans les endroits publics, elle frappe les yeux, provoque l'attention, s'impose à tous. Quand elle sert l'erreur, le vice, ou que, par rivalité de politique et d'intérêts, elle discrédite un adversaire et ses partisans à force de faus-

seté, de calomnies, d'infamies, et divulgue
sans merci les misères et les tares de leur
vie privée, on peut dire que de tels procédés sont dégradants et n'engendrent que
la discorde et la haine.

Quand, au contraire, par des arguments
clairs, brefs, sans réplique, elle rejette
l'erreur, et que, sans blesser personne,
elle expose la vérité, elle atteint ainsi
même les indifférents et les passants à
qui l'on ne pourrait envoyer un bon journal ou qui ne le liraient pas.

On peut dire alors que l'affiche est un
moyen de presse tout à fait digne d'un
écrivain dévoué et sincère, et qu'elle aide
puissamment à former une opinion publique éclairée et saine.

Toutefois, Mesdames, usez avec prudence
de l'affiche pour annoncer vos conférences.
Mettez-y le nom de la conférencière, l'heure
et le lieu de la réunion ; mais de l'avis des
personnes qui en ont elles-mêmes fait l'ex-

périence, il vaut mieux s'abstenir d'y mettre le sommaire de votre sujet, sans cela les amis tièdes ou paresseux resteront chez eux, sous prétexte qu'ils connaissent suffisamment ce que vous direz. Quant aux adversaires qui, eux, ne sont ni tièdes ni paresseux, ils se mettront en campagne pour empêcher leurs amis et le public de venir vous entendre.

Un moyen souvent employé et généralement excellent est de demander au Curé de l'endroit où doit se faire la réunion ou conférence, de vouloir bien nous envoyer la liste la plus exacte possible de toutes ses paroissiennes qui vont encore à l'Eglise, au moins pour les actes principaux de leur vie, et de leur envoyer à toutes des lettres d'invitation imprimées. D'habitude c'est la secrétaire de l'arrondissement qui signe les invitations et non la présidente du lieu. Il se pourrait que celle-ci se fût aliéné par son zèle quelques personnes qui résiste-

raient à son appel. Cela doit s'éviter autant
que possible dans l'intérêt de l'union qui
fait la force.

Vous toutes, Mesdames, qui avez assisté
à des conférences de notre chère ligue,
souvenez-vous devant Dieu de ces femmes
qui usent leur vie à jeter la semence divine. Quelles âmes ardentes ! Quels cœurs
d'apôtres ! Leur seule rencontre nous est
un réconfort. Elles sont l'honneur de notre
sexe, comme d'autres en sont la honte.
Que Dieu daigne bénir leurs travaux et
qu'Il leur envoie des grâces et des conso-
lations de choix, comme Il le fait à ses intimes. Et pourquoi tout cet apostolat,
sinon pour convaincre les femmes de
France de leur devoir social? Pour apprendre non seulement à quelques-unes,
mais à la masse des Françaises, la nécessité de l'apostolat. Seul l'apostolat ramè-
nera dans notre France déchristianisée le
règne du Christ Jésus qui la refera plus

prospère et plus belle. Quelles convictions ardentes, quelle douceur d'expression n'ont-elles pas quand elles s'adressent aux in différentes, à celles qui, n'ayant pas la foi, n'en connaissent pas les célestes jouissances !

A ces accents passionnés de femmes faibles comme nous le sommes toutes, le cœur bat plus vite, les yeux se mouillent, et telle chrétienne médiocre venue à la conférence pour passer son temps, s'en revient troublée, ayant entendu si bien dépeindre ce vide de la vie qu'elle sentait en elle, autour d'elle, sans pouvoir se l'expliquer. La conférencière le lui a dit avec autant d'amour que de vérité : pour trouver la vie belle et heureuse, il lui avait manqué la vie de l'âme sans laquelle tout être immortel est incomplet.

La conférence est sans contredit le moyen par excellence d'apostolat immédiat ; mais les ligueuses ayant assez de courage pour dominer une timidité naturelle à notre sexe et parler en public sont en très petit nombre. Pour remédier à cette pénurie d'apostolat par la parole, le comité central a fondé le journal de la ligue, et l'envoie chaque mois à ses adhérentes. Le sacrifice que s'impose la ligue est énorme, mais le bien qu'il est appelé à réaliser est encore plus grand.

Dans une de nos bourgades de l'Est, chaque adhérente a promis de faire passer son journal à une voisine ou amie, et d'en amener le plus possible aux réunions mensuelles.

Voyez d'ici, Mesdames, ces centaines de mille de ligueuses, lisant chaque mois le journal et le faisant lire à une autre; ces femmes s'entretenant des pensées si élevées lues dans le cher Echo, mettant en pratique les moyens d'apostolat qu'on y indique chaque mois... Elles deviendront forcément, logiquement, des apôtres de la bonne cause.

Mais il ne s'agit pas seulement, Mesdames, de recevoir à votre foyer le journal de la Ligue ; il faut aussi ne jamais y laisser pénétrer le mauvais journal. Je sais nos Ligueuses assez intelligentes pour distinguer le bon du mauvais. Elles apporteront autant d'attention dans le choix à faire qu'elles en mettraient dans celui des champignons. Les journaux sont aussi une nourriture, nourriture de l'esprit et du cœur, et qui peut devenir aussi dangereuse que celle des champignons vénéneux pour le corps. Quelles précautions ne prenez-vous pas, mères de famille, pour éviter les accidents si souvent provoqués par l'imprudence ! On a déjà plusieurs fois remarqué que, lorsque des empoisonnements sont produits par le dangereux comestible de nos forêts, ce n'est pas la mère qui a préparé le mets mortel, son cœur l'aurait avertie du danger.

Eh bien ! vous, Ligueuses de France, vous,

8

mères chrétiennes, vous êtes chargées de la nourriture de l'âme de vos enfants comme de celle de leur corps : ne donnez pas tous vos soins à celle-ci au détriment de celle-là. Veillez, oh ! veillez... Le poison intellectuel ne fait pas ses ravages aussi promptement que le premier, mais il les fait sûrement. Combien n'avons-nous pas vu de ces familles françaises, attachées à toutes les saines traditions de nos foyers chrétiens, se perdre irrémédiablement par le mauvais journal ! En ceci, c'est la mère qui est coupable ; elle doit avoir assez d'autorité dans sa famille pour défendre les lectures qui peuvent souiller l'imagination de ses enfants. Son devoir absolu est de ne jamais céder sur ce point, et si elle a su établir son règne à son foyer, nul ne lui refusera le droit d'en être la sentinelle vigilante.

Nous avons vu aussi des mères, se disant erventes chrétiennes, et craignant le mau-

vais journal, mais laissant leurs enfants
s'abonner et s'abonnant elles-mêmes à des
revues équivoques. Un jour, nous avons
été péniblement surprise en trouvant sur
la table de famille, dans une maison très
bien notée comme piété, une quantité de
revues et de journaux mondains très fri-
voles. Il y avait dans cette famille trois
jeunes filles de 15 à 20 ans.

Que les parents sont peu logiques ! Pour
la plupart, s'ils sont honnêtes et libres,
ils tiennent encore à faire élever leurs enfants dans les écoles chrétiennes. Puis,
ces enfants rentrés dans la famille, on
les laisse parcourir, sans contrôle, tout ce
qui leur tombe sous la main. Et un jour,
qui parfois vient très vite, on se désole de
l'inconduite des enfants, de leur esprit de
révolte. A qui la faute, sinon aux impré-
voyants parents qui ont toléré toutes sortes
de lectures ? Et la même imprévoyance se
retrouve en toutes circonstances.

On fait un voyage en famille : la mère, pour ne pas se déranger, envoie sa fille acheter un livre aux bibliothèques des gares. « Prends ce que tu voudras », lui dit-elle. Mais, malheureuse mère, allez-y donc vous-même, vous choisirez ce qui peut inspirer une bonne pensée, le récit d'un dévouement, une belle page de notre histoire nationale ; mais, pour Dieu, n'y envoyez pas votre enfant. Le titre mystérieux de l'inconnu charmera toujours la curieuse jeunesse et souvent il cachera le poison qui la perdra. A la lecture des premières pages, vous verrez rougir votre enfant. Elle vous regardera à la dérobée pour voir si vous remarquez son trouble... Il ne sera plus temps, le mal sera fait... Si vous laissez le livre entre ses mains, le mal continuera de flétrir cette âme sous vos yeux; si vous le lui retirez, l'impression restera plus forte encore.

Voyez, Mesdames, comme la prévoyance

est partout nécessaire. Allez donc vous-mêmes faire les provisions de l'intelligence. Si vous vous êtes donné, comme c'était votre devoir, la peine de former le cœur et l'esprit de vos enfants, achevez votre tâche. Il n'est pas d'âge où doive cesser la surveillance des parents. La mère, surtout pour sa fille, doit être le guide, toujours.

Donc, pour les livres comme pour les journaux, ne prétextez pas qu'ils cachent sous des fleurs leur haine pour la vertu et pour Dieu. Le poison ne sera que plus subtil.

Vous dites : « ce journal ou cette revue, quoique peu catholique, reste neutre, et ce journal donne les nouvelles plus vite. » D'abord, Mesdames, rester neutre n'est pas le fait d'une âme droite. Si vous avez le cœur bien placé, les manières tortueuses de dire les choses les plus simples ne doivent pas vous plaire. Vous dites aussi que votre journal vous renseignant plus vite qu'un autre, vous le tolérez pour cette seule raison, bien que ne partageant pas toutes ses idées.

Eh ! Mesdames, quelle précipitation et quel besoin avez-vous donc de savoir quelques heures plus tôt les nouvelles, les mensonges, et souvent les scandales du monde entier ? Vous, Mesdames les Ligueuses, vous ne lirez que de bons journaux, bien franchement catholiques. Aussitôt lus, vous les passerez à d'autres. C'est perdre la nourriture que de la laisser moisir dans un coin, pendant qu'il y a tant d'esprits anémiés par les insanités que l'on débite un peu partout, et qui sans le savoir exactement ont soif de la vérité.

J'ai connu, dans un milieu pauvre, un honnête ouvrier remerciant chaleureusement celui qui lui procurait souvent un bon journal, tandis qu'il avait oublié de

le remercier pour un service matériel beaucoup plus onéreux.

Priez; et priez encore. Fortifiez votre
cœur, ornez votre esprit, ornez votre intelligence et offrez-vous à Dieu pour être
son instrument. Ayez surtout une foi agis-
sante sans témérité.

N'allez pas au-devant de la discussion,
mais ne la craignez pas trop. Quand vous
voyez que forcément elle arrive, demandez
vite au Saint-Esprit qu'il vous inspire.
Mettez-vous sous son égide et ne craignez
pas; vous trouverez le mot juste, le mot
qui va au cœur, le mot que Dieu réservait
à cette âme et qu'Il lui envoie par votre
entremise, celui qui quelquefois en forçant
votre frère à réfléchir, l'amènera tout doucement à la foi, à la vérité, à Dieu.

HUITIÈME CONFÉRENCE

MAITRESSES DE MAISON

Mesdames,

Deux mots bien doux qui, dans toutes les langues, font battre le cœur, deux mots qui sont souvent la seule sauvegarde de celui qui est tenté, le seul refuge de celui qui est tombé, c'est « chez nous ».

Pour tous, riches et pauvres, et plutôt pauvres que riches, ces deux mots renferment dans leur brièveté les souvenirs des joies et des peines de chacun de nous. Aussi comme elle est aimée cette parcelle du monde où tout ce qui nous entoure fait, pour ainsi dire, partie de nous-mêmes.

Nous aimons notre France, nous l'aimons ardemment, mais nous ne la connaissons qu'imparfaitement ; une grande partie de ses beautés nous échappe. Notre petite patrie, pays de naissance ou d'adoption, nous tient encore plus au cœur ; car c'est dans le grand pays de France, le petit coin où nous aimons, où nous souffrons, où nous désirons mourir.

Voyez donc, Mesdames, quel trésor doit être pour nous cette maison de famille dont Dieu nous a donné la direction.

Fénelon dit que « le bien-être ou la ruine entre dans la maison avec la femme : tout, bien ou mal, tout vient d'elle ».

Puisque, au dire des moralistes, nous tenons dans nos mains le bonheur des nôtres, mettons-nous vite à l'œuvre, Mesdames ; et commençons la surveillance nécessaire par nous-mêmes. Que notre abord soit si agréable, nos relations familiales si imprégnées de douceur et de gaieté, qu'aucun de ceux qui nous entourent n'ait l'idée que l'on puisse être mieux ailleurs

que « chez nous ». Il faudra du courage à
la jeune maîtresse de maison pour tenir
fermement les rênes de ce petit royaume ;
mais, en cela comme en tout, il n'y a que
le premier pas qui coûte.

Toutes nos ligueuses doivent être de
ferventes chrétiennes ; comme telles, elles
sauront où trouver la force nécessaire
pour rester sereines malgré les contrariétés, et accomplir tous leurs devoirs, qu'ils
soient durs ou attrayants.

Levée toujours à heure fixe et plutôt
de bonne heure, elle veillera à ce que tout,
dans la maison, se fasse avec ordre.

Un système qui épargnerait bien des
soucis à la maîtresse de maison, c'est un
tableau de service. Essayez, Mesdames, et
vous serez satisfaites, surtout à notre
époque où les domestiques sont si peu
stables. Chaque nouvel arrivant fait son
travail à sa manière et le service se fait
mal. Avec le tableau, les domestiques

peuvent changer, le service reste le même.

Votre tableau se divisera en trois parties:

Service de la journée;
Service de la semaine;
Service du mois.

Le tout détaillé minutieusement, évitant presque tous les ordres à donner. Exigez absolument que l'ordre de service soit suivi à la lettre; mais comme toujours, donnez vous-mêmes l'exemple, et ne dérogez à l'ordre établi que dans des circonstances indépendantes de votre volonté. Si votre famille est nombreuse et que votre situation ne nécessite pas de domestiques, faites pour vous, quand même, le tableau de service. L'ordre en tout évite tant de déboires !

Nous croyons inutile de vous rappeler, Mesdames, que, dans le programme du dimanche, vous devez laisser le plus de temps possible à Dieu. Arrangez-vous pour que tous ceux que vous employez puissent, sans surmenage, assister aux offices, et faites faire le samedi tout ce qui peut être fait d'avance. Que pour ceux de votre maison, le dimanche soit un jour de repos et de joie. Dans toutes les familles chrétiennes, la maîtresse de maison doit veiller à ce que, ce jour-là, le menu soit plus succulent : qu'un dessert en rapport avec votre budget rappelle à tous que c'est le jour du Seigneur. On sera content et vous serez mieux servie. Autrefois, dans la plupart de nos familles rurales, quelle que fût la fortune, maîtres et serviteurs dînaient ensemble : les maîtres au haut bout de la table, puis les enfants et ensuite les domestiques par rang d'âge.

Tout a évolué dans notre France. Est-ce par la faute des maîtres, est-ce par celle des serviteurs? Peut-être bien est-ce de la faute des maîtres et des serviteurs tout à la fois. En tous cas, chez plusieurs de nos

ligueuses, les choses se passent comme
autrefois, et cela n'empêche pas le respect,
au contraire. Plus on s'incline avec respect
vers les humbles, quand on sait le faire
avec dignité, plus ils vous respectent. Dans
plusieurs de ces vieilles familles, faire de
la peine à « la Dame » est encore la terreur de tous.

Si, pour faire plaisir à votre mari, ou
parce que votre position sociale vous y
oblige, vous avez à recevoir des amis, veillez à la bonne ordonnance de votre repas.
Qu'il soit en rapport de convenance avec
ceux que vous recevez, n'étalant pas, par
vaine gloire, un service trop luxueux ou
des mets trop raffinés, surtout si vos invi-
tés sont moins fortunés que vous. La maîtresse de maison doit veiller à ce que chacun soit placé selon son rang. C'est elle
aussi qui doit être assez adroite pour diriger la conversation générale, de telle sorte
que chaque convive puisse y parler de

choses qui lui sont familières. L'esprit
français se prête merveilleusement à ce
jeu. Jadis, nos grand'mères qui, moins
pressées que nous, avaient le temps de
garder leurs convives quelques heures,
se sont rendues célèbres par l'art délicat
qu'elles savaient apporter dans leurs
conversations. Pour leurs contemporains,
c'était un honneur très envié d'être reçus
par ces femmes d'élite. « C'est non seulement un don, mais un art », me direz-
vous, Mesdames ; c'est vrai. Mais avez-
vous connu un artiste qui, sans études,
soit arrivé au point culminant de son
talent ?

Observez ceux et surtout celles qui
forment vos relations, et si Dieu vous a
donné le tact et l'intelligence, vous aurez
vite fait de grouper autour de vous un
noyau choisi. Adoucissez celles qui sont
trop exubérantes en leur faisant comprendre que, jusqu'à présent, les femmes

françaises ont le bon goût de rester femmes.
Dites-leur que la température de notre
Patrie fait éclore les violettes, mais laisse
les fleurs éclatantes et superbes au pays
de l'or.

Pour ces natures un peu cavalières, mais
souvent droites, faites sentir le ridicule, en
louant doucement devant elles la bonne
tenue et la modestie, vertus que rien ne
remplace chez la jeune fille et aussi chez
la femme de tous les pays. En revanche,
venez en aide aux timides et aux moins
fortunées. C'est là surtout que vous dé-
couvrirez les perles qui plus tard seront
l'ornement de vos relations intimes.

Mais il est une chose, Mesdames, sur laquelle j'insiste par-dessus tout. Ne tolérez
aucun écart de conduite dans ceux que vous
traitez en amis intimes. Le mépris des honnêtes gens, ou tout au moins leur désap-
probation, vous ferait peut-être comprendre trop tard que, lorsqu'on veut

avoir une maison respectée, on n'y reçoit que des gens respectables.

La volonté, appuyée sur la foi, peut tout, absolument tout. Mettez-vous à l'œuvre sans hésiter; Dieu vous aidera. Vous serez non seulement l'aide, mais le soutien de tous les vôtres. Que votre maison reflète votre âme, qu'elle soit gaie et attrayante! Nous n'aimerions pas la nature si elle restait toujours sans parure.

Embellissez donc votre *home :* pour cela consultez votre bourse, c'est indispensable, mais consultez aussi votre cœur. Vous trouverez tout de suite ce qui, sans dépasser votre budget, plaira aux vôtres. Dans tout intérieur, il faut les meubles et ustensiles nécessaires. Que toutes ces choses, simples ou luxueuses, soient éclatantes de propreté. « Le luxe ne peut se passer de propreté; mais la propreté, elle, peut se passer de luxe. » Un conseil pratique : mettez du blanc partout, rideaux et housses.

Rien n'est triste comme ces draperies d'abord trop éclatantes et bientôt fanées. Du blanc, c'est préférable à tous les points de vue. Deux fois par an, on fait un blanchissage complet et le foyer conserve sa première fraîcheur.

Une plante verte aux pieds du Christ qui doit être le premier ornement de tout intérieur chrétien, deux ou trois jardinières remplies de fleurs aux couleurs vives, quelques jolis riens posés avec goût, formeront à peu de frais un logis attrayant.

L'œil du maître sème de l'argent, à plus forte raison les yeux de la maîtresse de maison. Toutes les semaines, à jour fixe, faites votre ronde ; voyez de la cave au grenier si tout est en ordre et si rien ne se perd. Dans une semaine, le désordre ne peut être bien grand ; quelques heures de travail et tout sera en place.

Les personnes qui vous entourent, jalouses de votre activité, diront que vous perdez votre temps : laissez dire et... continuez.

Rien n'est reposant pour le maître de maison comme de trouver, en rentrant chez lui, une femme mise proprement, même avec un grain de coquetterie, une table bien servie, des mets simples, mais soigneusement préparés, et puisque vous êtes « la lampe qui brille et qui éclaire la maison », faites-en donc ressortir les ors.

Que le nettoyage se fasse en l'absence du maître ; épargnez-lui la poussière et le désordre : qu'il n'ait, lui, que le sourire des choses. Ne faites pas, Mesdames, comme certaines femmes qui, à cause du travail nécessité par le ménage, restent dans un négligé déplorable très avant dans la journée. Respectez les vôtres et ne paraissez jamais, même au premier déjeuner, sans être coiffées et habillées avec soin.

Pour ce travail d'intérieur, vous pouvez passer sur votre toilette un grand tablier sombre comme en mettent les écolières. Que votre mari rentre, qu'il vienne une visite, ou que vous présidiez le repas de famille, une seconde suffit pour vous présenter correctes.

Tous les membres de la famille, du petit au grand, ont plusieurs vêtements de rechange. Ne soyez tranquilles que si tout est en ordre, afin de n'être pas prises à l'improviste par une demande que vous ne pourriez satisfaire.

Les plus grandes peines ont quelquefois leur point de départ dans les petites contrariétés journalières.

Quand le père ou les fils ont demandé quelque chose d'essentiel, et que plusieurs fois la maîtresse de maison a oublié de le procurer ou de le préparer elle-même, ils se croiront moins aimés ; froissés, ils ne feront plus de demandes, ils seront plus froids, et le froid, Mesdames, produit la glace...

Veillez à la température de votre foyer, votre cœur en sera le thermomètre. Si vous êtes vraiment l'épouse aimante, la mère prévoyante, vous sentirez bien vite quand surviendra un peu de gêne. N'ayez de tranquillité que lorsque le léger brouillard aura disparu, cherchez-en la cause et ne la laissez pas se renouveler.

Quand l'intimité est parfaite dans une famille, on peut braver toutes les épreuves.

Un grave sujet de discorde que nous ne pouvons passer sous silence, tant il divise souvent les familles, vient des égards que gendres et brus, aussi bien que les enfants, doivent aux vieux parents, surtout lorsque ceux-ci, après avoir élevé péniblement une nombreuse famille, viennent demander à leurs enfants de passer leurs derniers jours sous leur toit. C'est une honte pour l'hu-

manité que l'on puisse considérer ce bonheur non seulement comme un devoir,
mais comme une charge. Ce n'est certainement pas le cas pour nos ligueuses :
pour elles, cette présence ne peut être con-
sidérée que comme une bénédiction.

Donc il va de soi que la plus belle
chambre, chez le riche comme chez le
pauvre, sera pour les vieux parents. Petits
et grands se feront une fête de leur venue,
et insisteront pour les garder longtemps,
toujours si c'est possible, car à cet âge on
n'aime plus guère le changement.

Que soir et matin, toute la famille sans
exception aille dire bonjour aux chers vieillards ; non pas par un salut banal, mais
par un salut accompagné d'affectueux baisers. Si tendres qu'ils soient, ils ne seront
jamais aussi nombreux ni aussi ardents
que ceux qu'ils vous ont prodigués pendant votre enfance. Qu'à la table de famille
les vieillards aient, non seulement les

places d'honneur, mais aussi les morceaux de choix.

Rendez l'affection reçue, rendez-la sans compter. Vos enfants sont témoins, ils se serviront de la même mesure quand viendra l'heure inévitable de votre vieillesse à vous.

De ce devoir, Dieu a fait sa loi :

Honore ton père et ta mère,
Et tu vivras longuement sur terre.

Et puis, mes chères sœurs de la ligue, si nous sommes des ferventes, rappelons-nous qu'à vaincre sans combats, l'on triomphe sans gloire. Acceptez toutes les croix qu'il plaira à la Providence de vous envoyer : les peines de famille, dans certaines circonstances heureusement rares, sont les plus lourdes à porter. Que votre âme soit assez haute pour accepter tout le devoir, Dieu sera avec vous. Lui seul peut compter les familles gardées ou ramenées

à la foi, par la douce fermeté d'une maîtresse de maison sachant être des siens la
tête et le cœur. Le travail de cette âme est
tellement doux que personne autour d'elle
ne paraît s'en apercevoir ; elle est l'huile
parfumée qui, versée à propos dans les
multiples rouages de la vie de famille, en
empêche les « à coups ». Veillant à tout,
épiant le moindre malaise moral, elle pré-
vient le mal sans se laisser voir. Mari, enfants, vieux parents, vous diront qu'il fait
bon vivre à ce foyer où le bonheur est si
facile et si naturel, que certainement personne ici ne fait d'efforts pour retenir au
logis cet hôte, si inconstant d'habitude.

Celui qui lit au fond des cœurs est le
seul témoin des sacrifices journaliers, des
efforts continuels de cette âme d'élite pour
adoucir autour d'elle les relations entre
caractères toujours différents et parfois
pénibles.

Rappelez-vous, Mesdames, que le courage de sourire, quand le cœur est en larmes, ne se trouve qu'au pied de la Croix. De là aussi, mais de là seulement, descend la rosée divine qui fait germer la moisson bénie.

Vienne l'automne de votre vie, tous les sacrifices, tous les dévouements, vous seront payés au centuple. Plus vous aurez mis de gaieté et d'oubli de vous-mêmes dans vos devoirs de famille, plus la récolte sera abondante.

Cet âge qui n'a plus le prestige de la jeunesse et ne porte pas encore l'auréole de la vieillesse, cet âge si dur pour la femme coquette, égoïste et frivole, sera, pour la femme forte, l'heure de la joie et des jours heureux.

Voici, Mesdames, quelques-unes des louanges que le Saint-Esprit lui-même donne à la femme forte : « La femme forte est plus précieuse que les choses les plus rares que l'on va chercher aux extrémités

de la terre : elle ouvre ses mains à l'indigent, elle les tend avec bonté à tous les
malheureux ; aussi voit-elle arriver la mort
avec joie. Elle reçoit alors les bénédic-
tions des enfants qu'elle a élevés, et les
louanges de son époux, qui se réjouit d'a-
voir mis en elle sa confiance. La femme
qui craint le Seigneur sera toujours hono-
rée dans les assemblées. Elle en recueil-
lera le fruit au delà du tombeau. »

NEUVIÈME CONFÉRENCE

LES PAUVRES

LA LIGUEUSE ET LES PAUVRES

La pauvreté ! quel mot effrayant, n'est-ce pas, Mesdames ? Il semble vraiment qu'il ne puisse arriver à une créature humaine une plus grande adversité que d'être dénuée de ressources. Et cependant, vous comme moi, n'avons-nous pas rencontré maints privilégiés de la fortune, souffrant de misères morales autrement cuisantes que les souffrances matérielles les plus pénibles !

Un moraliste a dit : « que la charité du pauvre consistait à ne pas haïr le riche ». Nous vous demandons, Mesdames les Ligueuses, de méditer souvent cette belle

parole, rendant au pauvre la charité facile,
en allant à lui avec tant de bonté qu'il
sente la joie lui monter au cœur quand il
va nous rencontrer.

Toutes, Mesdames les Ligueuses, quelle
que soit votre fortune, vous devez venir en
aide à celui qui est dans le besoin, non
seulement par une charité matérielle, mais
surtout par les prévenances d'une affection
réelle. En cela, vous ne ferez que votre
devoir de chrétiennes. Dieu n'a pas dit :
« donne seulement un peu d'or et tu auras
satisfait à ma Loi ; » mais « aime ton frère
comme toi-même ».

Ne croyez-vous pas, Mesdames, qu'il y
aura à ce sujet de terribles surprises de
l'autre côté de la vie, lorsque le Souverain
Juge, feuilletant son livre de comptes,
trouvera à votre avoir seulement quelques
francs jetés chaque année aux courageuses
mendiantes des œuvres catholiques, et
peut-être quelques autres menues sommes

données à contre-cœur, dans un but tout humain, et déjà payées par la reconnaissance et le nom du bienfaiteur livré à la publicité?

Voyez-vous, Mesdames les ligueuses, cette loi de la charité n'est pas comprise, l'égoïsme de notre nature nous empêche de l'étudier.

Nous avons vu telle personne se croyant pieuse, ne manquant pas un exercice de paroisse, mais ne desserrant jamais les cordons de sa bourse pour aucune œuvre charitable, disant aux quêteuses que son budget, très réduit par des pertes successives, ne lui permettait pas d'en distraire la moindre obole. Vous croyez peut-être, Mesdames, que c'est la vérité, que cette personne surveille ses plus petites dépenses? Vous êtes dans la plus grande erreur. C'était à l'égard des malheureux que le budget était restreint, mais vienne le moindre caprice du moi, une toilette

coûteuse, un voyage, on ne se refuse rien
de ce qui peut rendre la vie confortable.
Les primeurs payées au poids de l'or, les
fantaisies coûteuses du bibelot s'entassant
dans les appartements, sont là pour vous
démontrer que tout l'argent du budget est
peu de chose en comparaison des désirs
non satisfaits.

Si Dieu vous a donné la fortune, répan-
dez donc le bien autour de vous. Mais
pour que votre don ait un effet plus du-
rable, employez-le en œuvres. Qu'un
malheur arrive, une maladie grave, une
détresse faisant penser au suicide, donnez
de suite : en ce cas, c'est nécessaire. Dans
les cas ordinaires, quand ceux que vous
venez d'assister peuvent travailler, procu-
rez-leur du travail, mais donnez le plus
possible aux œuvres.

Toutes, Mesdames de la ligue, avec votre
bon sens, vous êtes convaincues que
l'œuvre par excellence est de prendre un

enfant au berceau, de lui donner par l'hygiène une bonne santé, par l'instruction
scolaire et professionnelle le moyen de
gagner sa vie ou de l'embellir ; par l'éducation morale et surtout chrétienne, le
moyen d'être heureux avec la part petite
ou grande que lui réserve la Providence.
C'est placer ses trésors, là où « ni les vers,
ni la rouille ne pourront les atteindre ».

Pensez souvent, Mesdames les ligueuses,
vous qui de près ou de loin vous occupez
des œuvres, pensez quelle sera votre joie
quand, à la fin de votre vie, vous verrez
ces enfants élevées avec amour dans nos
œuvres de prédilection, devenir des
femmes d'élite, jurant à leur entrée dans
la vie de refaire à la France épuisée une
jeunesse nouvelle, dont la sève chrétienne
sera si puissante qu'elle étonnera le vieux
monde.

Dans vos patronages, vos cercles d'études, et autres œuvres de ce genre, formez-

nous des femmes gaies et fortes, abordant
la vie avec la conscience de leur force morale.

Lorsque, dans nos quartiers populeux,
je rencontre une de ces chétives fillettes,
n'ayant pu grandir, anémiée par le travail
trop prématuré, j'ai le cœur serré. Rien de
frais sur ce jeune visage ; déjà le dégoût
de la vie, avec les stigmates de la désespé-
rance. Vous toutes, mes sœurs, ingéniez-
vous donc à amener ces enfants tristes là
où on leur fera connaître Dieu et les beautés de la foi. Cela vous sera un grand bonheur de faire naître un sourire sur ces
lèvres pâlies, de mettre une lueur d'idéal
dans ces yeux ternes. Essayez, Mesdames
de la ligue, ce travail sublime, de semer
l'amour où toujours a régné la haine, et,
bientôt les bijoux et les futilités coûteuses
vous paraîtront des misères à côté de ces
splendeurs. De grâce, mes sœurs, faites
honneur à votre titre et ne soyez jamais

dures aux malheureux. Qu'ils soient méri-
tants ou repoussants, le cachet divin reste
au fond de toute âme humaine, même la
plus dépravée. Respectez-le et ne voyez
dans tous les pauvres que leur âme, rachetée
comme la vôtre par le sang du Sauveur.

Etant enfant, je me trouvais un jour
dans un grand magasin de mercerie. Arrive
une dame couverte de fourrures coûteuses,
et ayant des diamants à tous les doigts.
Je l'entends demander de la laine pour les
pauvres. J'écoute, intéressée malgré moi.
Il me tardait de voir apporter cette spécia-
lité. Dans mon petit cœur ne comprenant
encore rien aux laideurs de la vie, j'at-
tendais quelque chose de bien soyeux, de
presque aussi doux que les belles fourrures.
Quel ne fut pas mon étonnement, quand la
vendeus déposa devant nous un gros
ballot de laines en écheveaux, n'ayant de
la chaude toison que le nom. Je me hasar-
dai à toucher sans rien dire, trouvant cette

espèce de ficelle bien dure, lorsque la dame
dit à l'employée : « Vous n'avez rien de
moins beau, c'est encore trop doux et
sûrement trop cher. Je suis obligée de
faire cette dépense, mais quelle sottise
d'habiller ainsi des gens presque toujours
paresseux. Enfin, je ne veux pas me faire
remarquer, veuillez m'en peser un kilo-
gramme. » Et je vis cette descendante du
mauvais riche mettre avec orgueil six francs
sur la plaque brillante : six francs, pas
même le prix d'un de ses flacons d'odeur !

Quelle leçon ! Ma mère faisant des em-
plettes de bonneterie me regardait avec
tristesse, se demandant si j'avais compris.
Je fis bonne figure jusqu'à la maison ; là
j'éclatai en sanglots. Je venais de renouveler ma première communion, et justement Monsieur l'Abbé nous avait parlé de
la charité envers les malheureux en des
termes si élevés que je ne pouvais imaginer
une dureté pareille. Ma mère me consola de

son mieux, me disant que j'étais une petite
sensitive, qu'il ne fallait pas mal juger cette
dame. Je ne voulais rien entendre, et je
me promis bien que, quand je serais maîtresse de mes actes et que je pourrais
donner quelque chose, ce serait toujours,
en tout, la meilleure qualité.

De toutes les misères humaines que le
riche a le devoir strict de soulager, il n'est
certainement rien de plus facile à secourir
que l'enfance. Dieu a mis au cœur de toute
femme l'amour, presque la passion de
l'enfant. Il n'est cœur si dur qui ne s'ouvre
devant la détresse de ces innocents petits
êtres. Comment se fait-il donc, Mesdames,
qu'il y ait encore des petits malheureux?
C'est qu'une larme venant d'un cœur sensible ne saurait suffire à remédier aux misères morales, source ordinaire des souffrances des enfants. Ce sont des actes,
Mesdames, des actes de secours immédiats.
Mais comme chaque jour ramène une souf-

france pour les déshérités, c'est chaque jour qu'il faut les secourir. C'est cette nécessité permanente qui a donné l'idée de créer ces crèches et autres œuvres similaires.

L'enfant apporté à la crèche est souvent préservé de la mortalité causée par le manque absolu d'hygiène. La garderie les prend à la crèche et les prépare pour l'école en les sauvant de la rue, et surtout de la promiscuité des logements à bon marché. Quand l'enfant arrivera à l'école proprement dite, il aura déjà l'habitude de la discipline. De lui-même, il secouera la paresse pour obtenir les premières places et les récompenses. Lorsque arrivera l'âge du catéchisme, si l'enfant est préparé soigneusement à sa première communion, il sera sauvé. La route du bien tracée depuis le baptême deviendra lumineuse. L'homme et la femme de devoir seront formés. Quelques orages pourront passer, mais les

racines étant profondes, l'arbre de la foi
résistera à la tempête ; le ciel de la vie
chrétienne redeviendra et restera serein.

Donc, Mesdames, faites une large part
dans votre budget pour les œuvres catholiques. Soyez un peu plus discrètes pour
vos achats personnels et plus larges pour
le bienfait. Que les orphelins surtout occu-
pent votre cœur. Si vous en connaissez
dans votre entourage, réservez souvent
une gâterie à leur adresse. Surtout, si c'est
la mère qui est partie, soyez plus douces
encore. Ne craignez pas de caresser les
petits enfants sans mère. C'est si dur de
grandir sans jouir de la douceur d'un baiser maternel !

Combien d'êtres humains sont remplis
de fiel pour n'avoir pas connu dans leur
enfance la chaude atmosphère d'un foyer
familial !

Ici, Mesdames, j'appelle votre attention
sur les enfants d'un premier mariage. Qui

dans sa vie n'a pas rencontré de ces enfants souffre-douleurs, qui font pitié à voir, tant leur pauvre petite figure recèle de souffrances !

Lorsque c'est la mère qui reste, malgré un second mariage, à moins d'être un monstre, elle console l'enfant si elle n'a pas pu lui éviter la correction. Mais que le père reste seul avec plusieurs enfants, c'est la grande détresse. Celle qui viendra remplacer au foyer la chère disparue, si elle n'est pas une sainte, sera presque toujours dure aux enfants. Plus le mari parlera de la défunte, plus le dépit sera grand. Qu'un enfant à elle vienne augmenter la famille, oh ! alors, la jalousie maternelle n'aura plus de bornes : frères et sœurs deviendront les victimes du petit tyran. Le père lui-même n'osera plus caresser les autres enfants ; tout son amour devra se concentrer sur celui de la nouvelle épouse. Que de drames de famille ignorés du public sont le résultat d'un second mariage !

Voyez donc autour de vous, mes chères sœurs de la ligue, si, de ce côté, vous n'auriez pas une grande charité à exercer. Arrangez-vous pour procurer le travail qui sauve de la misère les parents des pauvres enfants maltraités, venant en aide et paraissant vous intéresser beaucoup au bien-être de toute la famille : vous serez toutes-puissantes pour protéger l'enfant détesté. Dieu qui voit votre bonne volonté vous inspirera la note juste pour ne pas froisser en voulant aider. La simplicité et la bonté sont l'adresse nécessaire près des humbles et des aigris.

Les pauvres veuves, en général, sont de ce nombre. Elles souffrent ordinairement plus que les enfants, puisque leurs souffrances personnelles s'augmentent de celles des êtres qui leur sont chers. Aussi comme elles les défendent et combien elles sont dignes d'intérêt !

Venez, Mesdames de la ligue, venez en aide à vos sœurs qui avant l'heure ont vu partir, non seulement l'époux choisi, mais celui dont le travail faisait vivre toute la maisonnée. Aidez de votre bourse, si c'est possible. Si vous n'êtes pas fortunées, vous pourrez toujours aider de vos conseils et surtout de votre affectueux dévouement. Ce n'est qu'en les aimant que vous pourrez donner un peu de joie à ces vies fermées.

Il n'est pas besoin d'argent pour témoigner de l'affection à celles qui sont condamnées à la solitude du cœur. Cette charité-ci est autrement réconfortante que la première, laquelle, malgré les formes délicates employées pour la donner, reste quand même l'aumône.

Comme ligueuses, vous devez connaître toutes les familles de votre quartier ou de votre village. Si, dans les membres souffrants qui les composent, il se trouve des

vieillards délaissés par ceux qu'ils ont élevés, allez à eux, ce sont encore des enfants.

On dirait que la vie ressemble à un
cercle dont le raccord serait fait de deux
faiblesses, enfance du berceau, enfance de
la vieillesse, ayant, autant l'une que l'autre,
besoin de soins assidus et d'affections
sans défaillance. Mais c'est sans contredit
à cette dernière enfance que sont réservés
les plus cruels abandons. Un petit enfant
donne l'espoir de l'avenir ; plus il grandit,
moins il occupe, et bientôt ceux qui en
sont chargés recevront en retour une aide
très appréciable.

Le vieillard, même en dehors de ce ra-
mollissement de l'esprit qui l'affecte parfois, n'a plus à offrir que de la tristesse et
de l'ennui. Souvent son caractère est irascible. S'il se sent à charge et qu'il ait un
peu de fierté dans l'âme, il souffrira mille
morts avant celle qui le libèrera de toutes
ses peines.

Mesdames, croyez-moi, allez encore de
préférence à cette dernière misère. Causez
avec le vieillard de ses jeunes années, de
son métier, même de son service militaire
et de ses campagnes. Des trésors de patriotisme dorment dans ces âmes qui furent
bercées par les derniers échos de notre
grande épopée nationale. S'il est indigent,
procurez-lui des vêtements chauds pour la
froide saison, un pliant pour reposer ses
vieilles jambes quand le soleil l'invitera à
la promenade. Si c'est une femme, ce sera
plus facile encore, car souvent vous pouvez procurer un travail que vous placerez
vous-mêmes, ayant ainsi la facilité de le
rendre plus rémunérateur. Louez le travail,
donnez enfin un peu de lumière à ces jours
qui s'éteignent.

Une de nos ligueuses de la banlieue pa-
risienne s'est faite l'amie des vieillards.
Elle a toujours dans son réticule du tabac
pour l'un, du chocolat pour l'autre, un

journal pour celui-ci, jusqu'à des lignes
de pêche qu'elle porte à ses protégés. Elle
nous dit trouver un charme infini dans les
sourires émus qui l'accueillent au cours de
ses nombreuses visites. Vienne l'heure
terrible pour tous, mais plus terrible encore pour les abandonnés, l'ardente ligueuse
sera tout indiquée pour faciliter au Prêtre
l'accès de ces âmes, pour la plupart éloi-
gnées de Dieu depuis bien longtemps.

Mais dans toute cette liste déjà longue,
nous n'avons pas, Mesdames, parlé de la plus
triste, de la plus profonde misère, de celle
qui cause parmi nous le plus de victimes.
Vous m'avez déjà comprise, Mesdames les
ligueuses, je veux parler des pauvres honteux. A moins d'avoir passé la moitié de
sa vie à visiter les misères cachées de la
pauvre humanité, on ne peut se faire une
idée de ce que peut souffrir une créature
qui n'ose se plaindre. Vous me direz peut-
être, Mesdames, que ce genre de pauvreté

manque d'humilité. C'est vrai. Mais eux,
les malheureux appellent cela de la dignité.
Que ce mot recèle de souffrances !

Une quantité d'êtres passent leur vie entière à calculer comment leur arrivera le
pain de chaque lendemain. Ne pouvant
rien hasarder pour l'avenir, ils ne récolte-
ront rien, et la privation continuera jusqu'à
leur dernier jour, à moins que, minés par
l'attente d'un bonheur qui ne vient jamais,
ils meurent de privations et de chagrins.
Parfois, désespérés, et rejetant la pensée
du devoir, ils mettent fin à leurs jours par
des procédés qui s'étalent dans tous les
feuilletons des feuilles populaires, démo-
ralisant de plus en plus ceux qui essayent
encore malgré tout d'attendre que le
Créateur sonne l'heure du départ.

Nos mères, plus charitables que nous,
se faisaient souvent un honneur de visiter
les asiles de la souffance. Avec quelle joie
les malades et les vieillards n'entendaient-

ils pas sonner l'heure des visites ! Surtout
pour les abandonnés et les sans-famille,
ces belles jeunes femmes apportant des
douceurs de toutes sortes étaient atten-
dues avec impatience. Quels sourires
joyeux quand la chère sœur, comme une
maman surveillant son enfant malade, ai-
dait à défaire les petits paquets et se ré-
jouissait autant que celui ou celle à qui
toutes ces gâteries étaient destinées. Un
observateur aurait certainement été em-
barrassé pour juger quel était le plus content, de celui qui recevait, ou de celle qui
remerciait la bienfaitrice comme d'un ca-
deau fait à elle-même.

Bien des larmes d'attendrissement cou-
lèrent des yeux des ferventes des hôpitaux ;
aussi toute chrétienne charitable connais-
sait-elle le chemin de l'Hôtel-Dieu. Hélas !
ce nom qui, dans sa brièveté, disait tous
les dévouements et les attentions surnatu-
relles des saintes religieuses, ce nom a dis-

paru. A sa place, la plupart de nos hôpitaux laïcisés pourront inscrire le mot Géhenne, qui également serait juste, car souvent ce sont de vrais démons à faces humaines qui, autour des malades, remplacent les anges aux blanches cornettes. Un autre qu'un saint Vincent de Paul, fondateur des hospitalières, n'aurait pas osé concevoir l'idée de faire soigner des hommes, souvent de mœurs légères, et toujours dans la force de l'âge et des passions, par des femmes jeunes et sans autre sauvegarde que le prestige de leurs vertus. Et cependant, jusqu'à ces dernières années où sévit sur notre malheureuse France la rage satanique des laïcisations des hôpitaux civils et militaires, les saintes religieuses, sous la protection de leurs vœux religieux et de leurs anges gardiens, ont accompli des prodiges de surnaturel dévouement. C'est pourquoi, tant que les saintes filles ont eu le droit de les diriger,

nos hôpitaux ont été des modèles d'organisation morale et sanitaire, où toutes les
nations venaient admirer et apprendre ;
tout était aussi parfait que possible dans le
service des déshérités.

Les maîtres du jour, tous les francs-ma-
çons demandent les soins des religieuses
pour eux et les leurs; mais ils les trouvent
trop délicats pour les malheureux : et pour
éviter une joie à ceux dont ils se disent les
amis, ils chassent les religieuses hospitalières de partout.

Cette fois, les mesures étaient bien prises :
supprimant les écoles catholiques et toutes
les œuvres répandant le bien sous l'égide
de la religion, ils supprimaient enfin Dieu.

Ne pouvant plus se rencontrer sur un
terrain commun, les croyants et les pauvres
ne se connaîtraient plus. Provoquer la
guerre au Christ quand Il n'aurait plus
que des défenseurs isolés, deviendrait facile. Ils croyaient, les pauvres aveugles,

que le règne du mal, leur règne, était arrivé, et déjà ils exultaient. Mais voici que
d'autres chrétiennes, sœurs par la foi des
religieuses persécutées, se lèvent pour
faire comprendre à ces insensés que tant
qu'il y aura en France un cœur de femme
catholique au pied du tabernacle, surgi-
ront toujours de nouveaux dévouements.
Vingt femmes françaises, dont la plupart
sont ligueuses ou infirmières de la Croix
rouge, quittent leurs familles, partent pour
le Maroc et soignent nos petits soldats avec
tant de maternelle sollicitude qu'un des
chefs de l'expédition, cependant peu
croyant, demande au gouvernement français d'attacher la croix des braves sur ces
poitrines héroïques. Ils finiront peut-être
par comprendre, ces fils de Satan, que depuis la sainte Vierge Marie sauvant le
monde en lui donnant Jésus, sainte Gene-
viève sauvant Paris du terrible Attila,
Jeanne d'Arc sauvant la France divisée en

lui donnant un chef, ils trouveront toujours de saintes femmes pour leur barrer
le chemin et leur arracher les âmes.

Il y a quelques semaines à peine, nous
fûmes averties par nos ligueuses de nous
trouver sur une place de Paris pour assister à une exécution, et surtout pour témoigner notre respectueuse admiration aux
victimes. Une véritable multitude attendait
anxieuse ; tous les rangs se confondaient
dans la même angoisse. C'était bien vraiment une exécution, rien n'y manquait,
pas même le bourreau. Il était là sentant
l'odieux de son rôle, balbutiant et tâchant
de faire entendre que les bonnes sœurs
étaient chez elles et que l'on eût à circuler.
Pour la première fois depuis longtemps,
le peuple se voyant aidé ne plia pas l'échine,
lui, si souple d'habitude aux commandements du maître. S'aperçoit-il enfin que
depuis longtemps déjà il est dupe ? Le
peuple, surtout celui de Paris, est resté

malgré tout si loyal en son cœur, que voir
son erreur et la réparer sont chez lui deux
actes qui se suivent de près. Aussi quand
la scène inoubliable de la cour de l'hôpital
fut finie, et que les saintes filles, toutes en
larmes, se furent arrachées aux mains des
malades qui les aimaient tant, pour se diriger vers la maison où les attendait le père
de famille, le peuple siffla avec entrain le
sectaire haut placé et acclama les religieuses en leur jetant un formidable « au
revoir ». Tant il est vrai que les Français
ont en horreur la lâcheté, et que tous ceux
qui souffrent savent bien qu'ils n'ont de
véritables amis et de secours efficaces, que
de ceux qui ont l'Evangile pour ligne de
conduite dans les rapports avec leurs sem-
blables.

Cherchez donc, Mesdames les ligueuses,
cherchez autour de vous ceux qui souffrent.
Demandez à Dieu de vous aider dans votre
recherche. Soyez tranquilles, Il vous aide-

ra, car aimer les pauvres, c'est prendre notre Seigneur par son côté faible. Quand ses yeux divins s'ouvrirent à la lumière, ils se fixèrent sur l'étable, logement dont pas un pauvre ne voudrait. Adolescent, il gagnait humblement sa vie, tendant sa main royale au parcimonieux salaire de sa créature. Pendant toute sa vie publique, Il vécut de la charité des foules, acceptant avec reconnaissance le pain fait du blé que sa Toute Puissance avait fait lever. Enfin avant sa mort, il n'eut (pauvreté suprême) pas une affection assez courageuse pour l'aider à souffrir la terrible solitude de Gethsémani. Donc, notre divin Modèle a connu toutes les souffrances pouvant broyer un cœur humain.

Allons donc, Mesdames les ligueuses, allons à tous les malheureux en voyant à leur place Jésus, le divin Mendiant. La charité nous sera facile ; elle sera notre grande joie et notre récompense, car Dieu

lui-même a promis son beau ciel à l'ami des
pauvres.

Toutes, mes chères sœurs, soyons assez
surnaturellement charitables pour mériter
d'entendre au delà du tombeau ces conso-
lantes paroles :

> Venez les bénis de mon Père ;
> J'avais soif, vous m'avez donné à boire ;
> J'avais faim, vous m'avez rassasié ;
> J'étais nu et vous m'avez vêtu.

DIXIÈME CONFÉRENCE

L'ÉCOLE LAÏQUE

MESDAMES,

Dans notre précédente réunion, nous vous demandions de venir en aide aux pauvres, mais surtout aux petits enfants malheureux. La question était grave. Aujourd'hui, celle que nous allons traiter ensemble sera non seulement grave mais capitale.

De votre bonne volonté à comprendre votre devoir de ligueuses et de mères chrétiennes dépend, non seulement l'avenir moral de notre Patrie, mais notre salut éternel et celui des générations futures.

Lorsque fut élaborée la loi Ferry sur la neutralité des écoles, la France, malgré sa

légèreté, tressaillit d'effroi. Les évêques et
les chefs les plus autorisés de l'armée
catholique, voyant plus haut et plus loin
que la masse, jetèrent le cri d'alarme. En
des mandements et des discours devenus
célèbres, ils supplièrent le peuple de se
ressaisir pour dicter à ses élus le respect
de la liberté populaire. Epouvantés de cette
secousse que de trop nombreuses faiblesses
ne leur avaient pas fait prévoir, nos gouvernants, tout en promulguant leur loi, ne
l'appliquèrent pas tout de suite, mettant
comme toujours l'hypocrite adresse de
leur secte infernale à provoquer de nouveau le sommeil fatal. Rien de brutal ne
fut fait. Les premières années, on laissa,
dans la plupart des lycées de l'Etat, l'aumônier catholique. Mais écoute-t-on un
maître qui n'est que toléré ? Petit à petit,
on ridiculisa ceux qui lui témoignaient du
respect. Aller dans la chambre de l'aumônier finit par devenir un acte répréhen-

sible aux yeux des professeurs d'abord, des élèves ensuite, et bientôt le malheureux Prêtre, la mort dans l'âme, fut réduit au rôle de fausse étiquette.

Les collèges catholiques étaient encore très florissants, et si on voulait attirer la clientèle, il fallait qu'il y eût un semblant de religion, exigé encore par le plus grand nombre des parents.

La loi voulait l'école neutre ; c'était le moyen de ne jamais parler de Dieu. Il ne restait à l'aumônier, de son apostolat autrefois si librement fécond, que le prône du dimanche et le confessionnal. Mais le prône était sournoisement tourné en ridicule. Dans les cours de la semaine, le professeur d'histoire, au mépris de toute probité, biffait les faits historiques qui mettaient en lumière les bienfaits du christianisme. Les professeurs de physique et de chimie, pris d'émulation, faisaient en toute occasion l'application pratique des théories de Darwin avec des explications tellement surchargées de termes techniques que les esprits, un peu lourds et déjà prévenus, finissaient de se perdre dans ce chaos. Les premières années du nouveau système, toujours à cause des familles, les professeurs, stylés par des proviseurs avisés, assistaient quand même aux principaux offices dans la chapelle du collège ; mais leur tenue ennuyée et presque incorrecte faisait sentir aux enfants que toutes ces choses, si belles cependant, et dites avec tant d'âme, les laissaient indifférents et ne pouvaient convenir qu'à des élèves de sixième. Restait le confessionnal. Dans un de nos lycées parisiens, les parents exigeaient, comme par le passé, la même régularité à s'approcher des sacrements ; mais là surtout Satan veillait. A un certain moment, les élèves s'entendirent pour demander ensemble au professeur de bien vouloir faire tout haut l'appel

de ceux qui désiraient se confesser, voulant probablement se donner du courage
par un acte collectif. Le professeur, ennemi
de toute croyance, profita lâchement de la
confiance des enfants et demanda d'un tel
accent, avant de sortir du réfectoire, quels
étaient ceux de ces Messieurs qui désiraient
se confesser comme des vieilles femmes,
que les enfants ahuris n'osèrent pas répondre. Les plus grands se décidèrent et
prirent le chemin de la chapelle, mais le
regard que leur jeta le maître fut si dur,
qu'il ne leur fut pas difficile de prévoir
que la discipline pour eux se ferait de fer.

Six mois après, les tracasseries journalières étaient venues à bout de bien des cou-
rages. Les enfants seulement dont les mères
étaient de parfaites chrétiennes, continuè-
rent leurs confessions jusqu'à la fin de
leurs études. C'est un de ceux-là qui nous
a donné ces détails véridiques. « Autrefois,
nous disait-il, notre collège avait un bon

renom, malgré l'estampille officielle, grâce
à notre vieil aumônier qui était un saint,
un vrai saint. Rien ne le rebutait, et pourtant, longtemps avant la loi néfaste, dans
les autres lycées, les professeurs mettaient
à l'index l'aumônier, quoiqu'il fût payé
et considéré comme fonctionnaire. Si, à
de rares exceptions, un maître intelligent
ayant horreur de la lâcheté, se permettait
d'être l'ami du prêtre, aussitôt il était mal
vu ; et bientôt la délation, marque de fa-
brique de la Veuve, venait faire son œuvre
en déplaçant celui qui était assez fou pour
vouloir remonter le courant. Mais les professeurs de tout acabit n'auraient pas
empêché notre cher abbé de faire son devoir, plus que son devoir. Il était tellement
bon et affectueux qu'au cours de sa longue
carrière, il garda bien des petites âmes à
Dieu. Un regard attristé nous punissait
plus que les pensums des autres ; un
sourire de contentement, un petit hoche-

ment de tête qui lui était particulier, nous donnaient un contentement de nous-mêmes qui laissait loin derrière lui les notes, et même les places d'honneur au tableau du parloir.

Tant qu'il fut là, par un reste de respect pour son érudition parfaite, son esprit très ouvert et surtout sa grande bonté, tout marchait à la surface comme par le passé. Mais cet apôtre fut brusquement enlevé par une maladie de cœur contractée au milieu de ses nombreuses et cruelles épreuves. Il partit attristé pour aller recevoir la récompense de son zèle et de son inaltérable patience.

Tout le personnel assista en grande pompe aux funérailles. En voyant ce magnifique hommage rendu par des fonctionnaires de l'Etat à l'humble prêtre, bien des familles pensèrent que ce collège avait conservé un esprit chrétien, et la rentrée fut plus nombreuse que jamais. » Comme toujours, par l'hypocrisie, Satan triomphait; et pourtant, Mesdames, ceci n'était que l'école neutre : que dire de l'école sans Dieu?

Malgré les professeurs indifférents et voulant l'être, le divin Crucifié restait à la place d'honneur dans toutes nos écoles communales de France. Malgré tout, il était encore le souverain Maître. Le regard de l'enfant allait à Lui de temps en temps, attiré par la prière qu'avaient faite ses parents devant la même image. Toutes les générations passaient ainsi l'une après l'autre, puisant l'idéal aux mêmes sources et recevant du touchant symbole les mêmes lumières. Le maître déjà ne priait plus, que l'emblème de la foi restait encore à sa place séculaire. Cela ne faisait pas l'affaire du prince des ténèbres. Aidé de tout ce qu'il trouva d'abject dans notre société en décadence, il mit l'âme de la France sous l'infernal pressoir et de temps en temps, il donne un tour de roue.

Le malheur des malheurs, celui d'où découlent tous les autres, ce fut cette mortelle léthargie qui, au premier abord, empêcha le peuple catholique d'entendre la voix de ses chefs et d'agir avant le vote de la loi, léthargie qui continue et menace de tout envahir.

Aussi, malgré les scènes inoubliables des inventaires et de l'enlèvement des crucifix, il ne sera rien fait de vraiment efficace tant que les pères et les mères de famille ne s'uniront pas pour faire respecter leurs droits.

Mesdames les ligueuses, au premier rang de la lutte décisive se trouve votre place. Faisons donc, mes sœurs, comme les femmes célèbres d'une ville assiégée et enfin prise. Le vainqueur permit aux femmes d'emporter leurs trésors les plus précieux avant le sac de la ville. Vite, nos courageuses aînées prirent sur leurs épaules

leur époux ou leurs enfants, et l'amour
décuplant leurs forces, elles parvinrent
à sauver de la mort leurs familles entiè-
res.

Mesdames, nous ne sommes prisonnières
de personne, et un pareil déploiement de
forces physiques ne nous est pas demandé.
Mais pour l'amour de Dieu, pour l'amour
de vos enfants que vous aimez tant, de
grâce ! secouez ce sommeil du cœur et
de l'esprit qui vous laisse gémissantes
devant toutes les tyrannies. Sachez donc
vouloir, femmes de France ; arrachez donc
l'âme de vos enfants aux maudits qui les
souillent. Veillez à ce que la foi de vos enfants soit respectée à l'école.

Je vous citerai un moyen qui a réussi à
une de nos amies dont le mari, fonctionnaire de l'Etat, avait exigé les cours du
lycée pour ses filles comme pour ses fils.
Le père était tenace, rien ne le fit céder.
Mais la mère, elle, était encore plus coura-

geuse. Tous les jours, hiver comme été, elle assistait à une messe du matin avec ses enfants, ensuite elle les conduisait elle-même au cours. Seulement, en plus de la prière ardente, elle avait eu la précaution de prévenir ses enfants, leur disant et redisant que se moquer de la religion catholique, en ridiculiser les dogmes séculaires, la faire haïr enfin, faisait forcément partie du programme de ceux qui tenaient leurs situations de professeurs de l'Etat athée. Là, comme dans toutes les administrations ayant à leur tête des sectaires de marque, le mérite n'était reconnu qu'à la condition d'élever les petits Français dans le mépris de la religion de leurs ancêtres. L'adroite mère s'était arrangée pour avoir les preuves de ce honteux marchandage. Elle les mit sous les yeux de ses enfants en leur faisant comprendre les bassesses auxquelles mène l'amour de l'argent. Aussi quand un maître avait de

l'avancement, les enfants se demandaient
avec terreur quelle âme innocente avait
payé la rançon. Le venin mortel n'était
plus à craindre. Lorsque le professeur
lançait un sarcasme, l'enfant pensait à la
récompense. La mort du père ayant amené
la liberté des opinions, tous les enfants de
cette mère adroite et prévoyante devinrent
de fervents chrétiens. Comme les abeilles,
ils ont sucé le suc de la science nécessaire
sans toucher aux pistils empoisonnés. Mais
là, Mesdames, veillait une mère qui malheureusement est une exception.

Nous venons de voir ensemble l'école
neutre d'abord, et puis l'école sans Dieu.
Voyons maintenant les conséquences immé-
diates et lointaines de ces écoles qui bientôt
seront les seules permises par le parlement
ténébreux des loges.

Voici un enfant de sept ans ; sa famille
va le mettre à l'école laïque. La mère,
hélas ! aussi bien que le père, ne voit pas

le danger, car l'un et l'autre ont peu ou
point de religion.

Jusqu'à cet âge, le bambin a grandi
comme un arbre sauvage. La première
éducation, dans presque tous les cas ana-
logues, est faite sans méthode, avec des
corrections sans motifs données à tort et
à travers, selon l'énervement de la mère
et suivies immédiatement de caresses folles
frisant l'idolâtrie. C'est en suivant ce système incohérent que l'enfant arrive à l'âge
dit de raison. La mère, le père, en le pré-
sentant au maître qui doit en faire un
savant, louent l'intelligence hors ligne du
petit homme. « Il comprend tout, dit le
père, mais il faudra le tenir ferme, car il
ne fait bien souvent que ce qui lui plaît. »
Maman est venue et dit que le caractère de
l'enfant est encore meilleur que celui de
bien d'autres. Elle est bien sûre que son
professeur sera content de lui.

Pendant quelques jours tout ira bien.

Mais qu'une correction ou simplement une réprimande vienne rompre le charme de la nouveauté, voilà l'enfant gâté en révolte.

Eh ! quoi ? on lui tient tête. On ne fait pas ce qu'il veut ?... Le maître devient l'ennemi et maman le saura !

Cependant, comme l'avait dit le père, l'enfant est intelligent. Il pourrait facilement obtenir de bonnes places. Mais souvent il se butera, travaillera à contre-cœur. La science entrera dans son intelligence, mais la confiance aura disparu. Sans Dieu pour base de l'éducation, on peut faire de brillantes études, mais c'est la science stérile et sèche. Pas d'union d'âmes entre celui qui donne et celui qui reçoit ; pas d'assimilation possible à l'idéal divin, commencement et fin de toutes choses. On a mis de côté la participation de l'âme ; plus rien de grand ne reste debout, c'est le néant. Le seul appât,

c'est le certificat d'études ou le bacca-
lauréat qu'il faut obtenir si on ne veut pas,
devant les camarades, passer pour un sot.

Du bonheur qu'a un enfant à se bien
conduire, de la joie qu'apporte à l'intelligence l'étude des harmonies de la nature
et des découvertes de la science moderne,
enfin du devoir pour tout enfant bien né
de donner le bon exemple à ses camarades,
de récompenser ses parents de toutes les
peines qu'ils prennent pour élever leur
enfant chéri et lui donner une instruction
solide et variée, souvent peu en rapport
avec leurs moyens, ces pensées d'une
haute moralité font bien partie du programme officiel de l'éducation donnée par
l'Etat, mais elles rappellent vraiment trop
la congrégation et ne sont qu'un reste de
l'éducation chrétienne d'autrefois.

L'instituteur moderne a bien autres
choses à faire. Il est payé pour donner à
un nombre déterminé d'élèves un aperçu

de toutes les sciences, même de celles qui
ne devraient pas être connues avant l'âge
d'homme. Il en donne pour son argent.
S'il est professeur d'un cours spécial, il se
fait aussi clair qu'il le peut, pensant que
lorsque ses élèves seront interrogés par
un inspecteur, selon qu'ils répondront,
bien ou mal, il sera bien ou mal noté ; et
c'est tout.

Nous faisons ici une réserve pour les
instituteurs honnêtes, qui, bien que rares,
se rencontrent encore. Ceux-là ont conscience de leur rôle d'éducateurs ; la foi
chrétienne est encore la base de leurs
leçons de morale, mais avec effroi ils en
biffent le Nom divin ; en aucune occasion
ils ne le prononcent. Ce sera le cœur serré
qu'ils répondront à la question indiscrète
d'un enfant demandant qui a fait le
monde, « il s'est fait tout seul ». Il dira
cela très vite et changera de sujet.

Il faut bien vivre, n'est-ce pas ? et la

petite famille est là qui attend le pain quotidien.

Dans un autre ordre d'idées, nous voyons souvent des parents assez peu catholiques pour confier leur enfant à des maîtres athées, exiger pour une raison ou pour une autre qu'il fasse sa première communion. Si l'éducation de la famille a été nulle au point de vue religieux et quelquefois mauvaise, si les maîtres sont hostiles et n'envoient les enfants au catéchisme que forcés par les familles, n'êtes-vous pas effrayées, Mesdames, à la pensée de cet enfant allant se confesser et surtout recevoir son Dieu, l'esprit troublé par les souvenirs des railleries de la famille et des lâches moqueries du maître?

Si cette pensée, Mesdames, ne vous glace pas le cœur, vous n'êtes pas dignes d'être ligueuses.

Vous vous demandez sans doute si j'oublie le catéchisme et le saint Prêtre qui

a préparé l'enfant à ce grand acte de la
vie chrétienne? Oh! non, je ne l'oublie
pas, mais je le plains de toute mon âme!
Ce doit être la plus douloureuse épine de
sa vie sacerdotale de donner Dieu à des
âmes qui le cherchent si peu. Il est respon-
sable, lui, et nul ne sait les nuits qu'il
passe en prières, et les larmes qu'il répand
dans le silence du sanctuaire pour ces
âmes d'enfants que Satan ne semble lui
prêter que pour rendre la chute plus terrible et plus profonde.

Satan n'oublie rien de ce qui peut per-
vertir l'enfance. Le maître, qui souvent
est son esclave, donne à l'enfant qui fré-
quente le catéchisme devoirs sur devoirs.

Une pauvre mère révoltée nous faisait
voir, en mars, l'année dernière, le cahier
de son petit garçon qui devait faire sa première communion en mai.

Le curé d'une paroisse, ne pouvant se
résigner à faire faire la première commu-

nion avec des notions de religion aussi
élémentaires, avait averti les parents qu'il
prendrait les enfants le jeudi depuis 1 heure
jusqu'au soir, offrant de leur donner à goû-
ter pour ne pas les perdre de vue. Les parents, touchés de tant de bonté, avaient
tous consenti. Les enfants étaient ravis.
La sœur de M. le Curé était si bonne
qu'il y aurait sûrement de la crème et
du gâteau. Mais tous ces heureux avaient
compté sans le suppôt du diable. Le mer-
credi, à la sortie de la classe, le maître
annonça que probablement la date du certificat d'études serait avancée et qu'il faudrait dorénavant doubler la besogne. Il
donna aux enfants pour la journée du jeudi
deux verbes à conjuguer, deux composi-
tions de style sur des sujets difficiles,
quatre problèmes d'un cours supérieur et
deux cartes géographiques à dessiner. Les
enfants épouvantés ne purent ni faire leurs
devoirs, ni apprendre leur catéchisme, tant

ils étaient découragés. La galette dorée elle-
même ne parvint pas à les dérider. Le lendemain, ils furent tous punis et menacés
de ne pas aller au certificat. Les lâches
parents, ayant à choisir, firent presque
tous dire au pauvre curé, duquel ils ne
craignaient aucune représaille, de bien
vouloir les excuser, mais que le catéchisme
d'une demi-heure leur paraissant suffisant;
s'il était impossible de faire la première
communion dans ces conditions, les enfants s'en passeraient, voilà tout.

Ne croyez pas, Mesdames, que ceci soit
une histoire inventée de toutes pièces.
Elle est vraie dans tous ses détails. Le
Prêtre consterné en référa à l'Évêque qui
trouva plus prudent de remettre la première communion à l'année suivante pour
laisser calmer les esprits, et surtout pour
avoir le temps de demander en haut lieu
le départ du maudit.

Même en admettant que des influences

diverses aboutissent au renvoi, celui qui
viendra sera-t-il meilleur ? Nul ne le sait.
Dans tous les cas, sans Dieu pas de morale
possible.

Comment un homme qui n'aura pas la
foi peut-il dire à un jeune homme de rester
chaste ? Pour quelle raison lui impose-
rait-il le respect de lui-même, la privation
d'un plaisir qui lui sourit ? Puisque ce
maître lui dit, ou tout au moins lui laisse
entendre que l'origine de sa race remonte
à la bête, comment s'y prendra-t-il pour
transformer l'instinct en pudeur ? Donc,
pas de leçon de morale proprement dite :
quelques phrases ronflantes tendant toutes
à faire comprendre au jeune homme que
la liberté de l'individu est complète à
l'égard de ce vice honteux : « Nous voici en
face du débauché. »

L'honnêteté prévue par la loi est sans
contredit l'adresse de ne pas se laisser
prendre en flagrant délit. Une scrupuleuse

probité, sans être régie par la foi, peut
tenir bon dans les circonstances ordinaires
de la vie, et devant le fait brutal du vol ;
mais vienne une de ces situations troublantes où l'avenir se présente brillant,
mais rempli de périls, une de ces positions où l'on peut arriver très vite à la
fortune, mais à la condition de faire des
compromis avec la loyauté, où il faut
tromper, disons le mot, « tricher ».

Que fera le jeune homme élevé sans
principes chrétiens ? Inévitablement, il
sombrera.

« Nous voici donc en face du failli, de
l'homme sans honneur. »

L'adolescent rêvant de gloire, une fois
ses études finies, s'engage dans l'armée de
son pays. Tout petit il ne rêvait déjà que
drapeau et combats ; c'est bien vraiment
sa vocation.

Le voici déjà sorti du rang, c'est un tra-
vailleur. Sa jeunesse a été relativement

sérieuse, et sa famille fonde sur lui de légitimes espérances. Lancé dans les mille liens de la camaraderie, il résiste longtemps aux entraînements. C'est un raffiné, ce que de nos jours on appelle un dilettante. Il se fait une gloire de rester au-dessus des autres par sa conduite irréprochable. Justement pour cela, le monde, sentant une résistance, l'attire petit à petit. La grande vie luxueuse le fascine ; n'ayant pas le frein puissant il résiste, mais mollement et à regret. Vienne une occasion, une fête donnée par un chef duquel on attend un avancement rapide ! un désir de gloire naturel à la jeunesse, un besoin fou de vivre sans frein comme les camarades viendra un jour ou l'autre renverser cet héroïsme sans base, et ce jeune homme ira d'autant plus loin qu'il s'est fait violence plus longtemps.

Toutes, Mesdames, nous avons connu de ces chutes d'hommes, terrifiantes par leur

soudaineté, détruisant en un jour les espérances que donne toujours une jeunesse
sérieuse, mais sérieuse sans la foi. Si le
désordre des mœurs se met de la partie,
ce qui dans ces cas arrive souvent, pour
ne pas dire toujours, ce sera bien pis
encore. La créature insatiable que l'adolescent avait eu le courage d'éviter, mais
que l'homme fait a rivée comme un boulet
à sa vie, ne lui laissera nul repos qu'il ne
soit au fond de l'abîme. Le malheureux se
procurera de l'argent à tout prix: comme
jadis Judas, il livrera non pas son Maître,
mais la Patrie, sa Mère: « Nous voici en
face du traître à son Pays. »

Croyez-vous, Mesdames, que ce tableau
soit trop noir ? Consultez donc vos souvenirs, et voyez si parmi toutes les personnes que vous connaissez, vous n'avez
jamais rencontré les silhouettes que je
viens de vous décrire. Moi, pour ma part,
j'en connais plusieurs.

Bien des femmes de France ne paraissent pas se douter de la formidable transformation qui s'accomplit dans l'ombre et qui aboutit à ôter Dieu de la vie de l'homme. Mais la besogne est déjà à moitié faite, puisque pour parvenir à une carrière quelconque il faut passer par l'Etat qui est lui-même le premier esclave de la secte.

Nombre de parents, même bons chrétiens, fascinés par la nécessité de l'étude préparant l'avenir, se décident, après bien des hésitations, à exposer l'éternité de l'enfant pour arriver à son avenir terrestre. Au lieu d'orienter les études vers les carrières libérales ou industrielles, on livre cette âme que jusqu'à présent on avait gardée avec soin, à la plus éhontée démoralisation. Tout servira à démolir la foi que respectaient cependant encore les fameux « grands ancêtres ».

Lorsque l'enfant tant chéri sur qui toutes nos espérances familiales étaient concen-

trées aura suivi les cours successifs de dix
professeurs, tous plus athées les uns que
les autres, rien d'élevé ne restera debout.
Au lieu de l'homme, honneur de votre race,
joie de votre vieillesse, entrevu dans les
rêves faits près du berceau de votre fils,
on vous rendra un jeune blasé. Il vous
dira qu'il ne croit plus aux vieilles sor-
nettes du temps passé, qu'il est sûr, scien-
tifiquement sûr qu'il n'y a rien au delà de
la mort, que la vie est faite pour jouir,
qu'il la veut « courte et folle ». Pour
cela, il ne faut pas de principes austères,
pas de remontrances surtout, mais de l'argent, beaucoup d'argent. Il vous fera comprendre doucement ou brutalement que,
lui ayant donné la vie, une instruction très
intellectuelle, vous devez être logique avec
vous-même et lui procurer la somme de
jouissances à laquelle tout homme a droit.
Les malheureux parents s'apercevront enfin
qu'ils se sont trompés, qu'en laissant Dieu

de côté ils ont amené le malheur sur leurs
cheveux blancs. Mais il sera trop tard.

Puissent, Mesdames, ces reflets adoucis
de notre vie contemporaine vous donner
une idée de la responsabilité des parents
catholiques qui exposent leurs enfants.
Rappelez-vous aussi, mes sœurs, que dans
nos causeries, nous avons dit souvent que
dans nos familles les fleurs les plus délicates étaient toujours les jeunes filles.

Le sexe fort, lui, est moins complexe
dans ses sensations, et surtout moins délicat. Ce qui glissera sur une intelligence et
un cœur d'homme, laissera dans l'esprit
de la femme une tache sombre et dans son
cœur un mauvais germe.

Donc, Mesdames, si en de rares occasions et en prenant toutes les précautions
possibles, on est absolument obligé de
placer un fils dans les écoles et lycées de
l'Etat, de mettre son âme en péril afin de
lui acquérir une situation pour l'avenir,

pour votre fille, Mesdames, il ne peut, il ne doit pas en être ainsi.

Si, par impossible, il arrivait un moment où tous les hommes de France fussent pervertis, il y aurait encore dans ce naufrage universel une planche de salut pour la nation, si les jeunes filles, mères des générations futures, faisaient de leurs premiers devoirs l'obéissance à la loi de Dieu et lui juraient d'élever leurs enfants autrement, plus saintement que nous n'avons élevé les nôtres.

Pour ce point essentiel, Mesdames, nous insistons de toute la puissance de notre amour pour la France. Pour nous donner des Françaises comme la patrie en a besoin à notre époque troublée, formez-nous donc des saintes.

Règle absolue : pas d'école impie pour votre fillette, surveillance en tout et pour tout, catéchisme régulier et compris, instruction religieuse solide, bonne tenue, réserve et prudence en tout et pour tout.

Donnez-lui une piété angélique depuis les premières années, s'accentuant encore à partir de la première communion, mais piété pratique, si j'ose m'exprimer ainsi, mettant la foi à la base de toutes les actions de sa vie et ne se contentant pas de s'en faire une parure. Faire enfin de cette âme féminine un chef-d'œuvre de beauté morale, non seulement pour qu'elle soit digne d'habiter ce corps que Dieu a fait, chef-d'œuvre de beauté, mais afin d'être, pour nous, pour la famille qui deviendra la sienne, pour son entourage, pour la société, un être d'amour et de lumière donnant partout et en tout temps le bon exemple.

Les indifférents (et ils sont légion), voyant les résultats évidents des deux éducations différentes, réfléchiront, et soyez certaines, Mesdames, que ceux qui seront libres et de bonne foi n'hésiteront plus.

Ils reviendront d'eux-mêmes à cette religion qui, par les vertus morales qu'elle
inspire et dirige, est la seule base de
« toutes les joies si chères au cœur des
humains ».

———

ONZIÈME CONFÉRENCE

LE DIVORCE

MESDAMES,

Il semble tout d'abord que cette question, immorale au premier chef, ne devrait pas se traiter devant l'élite des femmes catholiques, notre ligue ne recevant jamais dans ses rangs de femmes divorcées.

Oserons-nous, Mesdames, dans un pays saturé de christianisme, dans un pays qui se dit civilisé, étaler devant vos yeux cette plaie morale du divorce? Certes dans notre triste monde il est des choses honteuses que l'on voudrait pouvoir ignorer; mais, en faisant ainsi, nous ressemblerions à ces gros oiseaux que je ne nommerai pas par

respect pour notre sexe et qui, lorsqu'ils
voient arriver le danger, au lieu de se défendre, cachent précipitamment leur tête
sous leur aile. Ils meurent des blessures
de l'oiseau de proie, sans faire un mouvement pour se défendre : ils meurent para-
lysés par la peur.

Laissons à d'autres, Mesdames, la res-
semblance de cet oiseau peu spirituel et
soyons des femmes d'action. Agir est peu
dans nos goûts, mais le cas est pressant ;
c'est une question de vie ou de mort pour
notre société française.

N'attendons pas que ceux qui ont forgé
la loi destructive de la famille reviennent
d'eux-mêmes à de meilleurs sentiments.
Là, comme partout, la secte a tracé le
ténébreux programme.

Tout d'abord, le divorce n'avait lieu
qu'après maintes plaidoiries difficiles et
surtout coûteuses, justement pour que le
riche commençât l'œuvre démoralisatrice ;

venant d'en haut le scandale était plus retentissant et l'exemple plus tentant à suivre. Peu à peu le peuple s'habitua à voir se renouveler ces drames et bientôt il les suivit avec passion. Le mauvais ange, préposé par Satan pour guider le vice impur, choisit le moment et fit voter par ses esclaves un arrangement plus facile, presque sans frais.

Le vrai peuple pourrait enfin lui aussi profiter de cette loi soi-disant bienfaisante, séparant deux êtres qui étaient faits pour s'aimer toujours, et qui, n'ayant pas senti cette porte ouverte au caprice, auraient fini, comme leurs devanciers, leurs petites querelles conjugales par deux gros baisers.

Pour mieux comprendre la situation, nous allons prendre pour comparaison une maladie physique.

Lorsque dans un corps très sain, si par hasard il s'introduit un microbe de mala-

die mortelle, il trouve d'autres infiniment
petits, mais puissants par leur nombre et
leur énergie vitale : ce sont les produc-
teurs de la santé du corps qu'ils habitent ;
vite ils s'unissent et repoussent l'intrus.
Le patient qui porte en lui tous ces êtres
infimes en est quitte pour un léger malaise.

Mais, par contre, si le bacille mortel
s'introduit dans un corps déjà anémié,
sans ressort, sans énergie, le malade est
perdu.

Les choses se passent ainsi pour le corps
social. Les passions et les vices de l'humanité ont partout les mêmes germes de
mort ; mais lorsque les dirigeants, soucieux
de la valeur morale de la nation, mettent
toute l'influence des pouvoirs publics à
assainir les mœurs, et préservent par de
bonnes lois l'honneur et la paix des familles, le corps social est en bonne santé,
et de ce corps robuste ne sortiront que de

bonnes et fécondes actions, tous les membres mettant leur gloire à contribuer au
bien-être général.

Dans la catholique Belgique, notre pratique voisine, les dirigeants avisés forti-
fient, par tous les moyens, la santé morale
des individus : aussi l'intelligente nation
s'est-elle empressée d'accueillir nos chères
congrégations religieuses, sachant bien
que là où la prière et la pureté des mœurs
sont en honneur, la décadence qui ruine
les nations athées n'est pas à craindre.

Dans notre malheureuse France, il n'en
est pas ainsi ; mais de ce terrible état de
choses les législateurs sont-ils seuls responsables ?... certes non, ils ne sont que
les instruments de leurs électeurs. De qui
sont-ils les mandataires ?... sinon du peuple français qui les nomme.

Les lois infâmes que nous subissons,
Mesdames, sont les effets et non les causes
du désastre moral auquel nous succombe-

rons infailliblement si Dieu ne nous donne
la force de réagir.

Dans notre précédente causerie sur
l'école laïque et la loi Ferry, nous avons
constaté ensemble qu'elle n'avait pu être
appliquée que grâce à l'aveuglement des
parents, et surtout, parce qu'au commencement de son application, elle avait été
adroitement dissimulée selon les milieux.
Ce fut surtout par des insinuations perfides souvent renouvelées que les professeurs stylés attaquèrent d'abord notre foi
séculaire.

Pour la question du divorce qui nous
occupe aujourd'hui, l'athéisme officiel
étant arrivé à son apogée par la rupture
du lien concordataire, le masque ne fut
plus nécessaire, et de nos jours c'est à
toutes les pages des feuilles populaires et
impies que s'étale l'apologie du crime social.

Déjà quelques familles catholiques, jus-

qu'à présent fidèles aux principes religieux
dont elles ne s'étaient jamais départies,
ont vu cette lèpre hideuse s'attacher à
leurs membres. Il n'est que temps de réagir. Nous sommes en France plusieurs
centaines de mille ligueuses ; il est impossible qu'en nous unissant toutes pour
combattre le maudit, nous ne le fassions
pas reculer. Après la reculade, ce sera la
déroute finale.

Il est une règle, Mesdames, pour combattre un ennemi avec succès : il faut
connaître ses mœurs, étudier sa tactique,
et d'abord défendre le côté faible par lequel il pourrait pénétrer dans la place.

Mais, Mesdames, avant d'entreprendre
ce formidable travail, mettons-nous en
prière pour demander les lumières nécessaires à notre bonne volonté et supplions
le divin Ouvrier de nous aider à réparer
les brèches.

Sans aucun doute, le point faible a été,

14

est, et sera l'éducation dénuée des principes austères de la religion chrétienne. J'ai
dit *austères*, parce que, dans la recherche
des causes, nous essaierons de voir juste,
ne nous faisant pas une religion que
chacun de nous arrange à sa guise, prenant ce qui plaît ou reste de bon ton,
rejetant ce qui paraît dur, ne connaissant
le sacrifice, base de toute morale, que de
nom, le rejetant résolument de notre vie,
nous faisant enfin, selon l'expression populaire, *notre* religion. En effet, Mesdames,
si chacun choisit dans les dogmes, dans
les préceptes, que restera-t-il de la religion
sainte fondée dans le sublime sacrifice du
Golgotha? Non, non, la religion est une,
elle est telle que le Christ l'a établie, avec
sa merveilleuse morale, arrivant, par la
pratique quotidienne de ses austères principes, à faire vivre des âmes d'anges dans
des corps de boue, sujets à toutes les con-
cupiscences.

Surtout, Mesdames, n'allez pas croire qu'austère et triste sont synonymes ; personne n'est gai comme le vertueux ; plus la vertu est grande, plus la joie est profonde. Une expérience que toutes vous avez déjà faite est qu'après une bonne action où vous avez dû faire un effort, peut-être même un grand effort, vous êtes joyeuses, contentes de vous, si vous voulez employer une expression familière.

Ce contentement passager, c'est un pâle reflet de la débordante joie qu'éprouvent les Saints à dominer le corps et ses sens par l'âme et ses vertus.

La gaîté de Saint François de Sales était proverbiale ; ses historiens racontent que la seule vue de sa rayonnante physionomie consolait les affligés.

Vous me direz, Mesdames, que la perfection qui trouve sa joie dans le sacrifice n'est pas faite pour les personnes du monde, détrompez-vous : notre religion

sainte a été faite par Dieu pour s'adapter
à tous les devoirs de la vie, elle seule arrive
à les faire accomplir dans toute leur perfection.

Voyez cette jeune fille élevée par une
mère frivole : en sa fille à sa vingtième
année, elle persiste à ne voir toujours
qu'une enfant. La jeune fille veut aller là,
elle y va ; elle veut faire une chose déraison-
nable, la mère la laisse faire. La contra-
diction, en sait-elle seulement le nom ?
Personne dans la famille n'a le droit d'é-
mettre un blâme pour un de ses actes,
fût-il répréhensible et inconvenant. C'est
l'arche sainte.

Voyons, Mesdames, est-ce ainsi que l'on
élève des femmes pour la lutte de la vie
souvent si dure ? Demain, ce sera le mariage, et cette jeune fille, habituée à n'avoir
d'autre règle que son caprice, sera obligée
cependant d'accepter et même de prévenir
les goûts de son mari, et, chose plus diffi-

cile encore, de plaire à sa nouvelle famille.

N'êtes-vous pas obligées, Mesdames, d'admettre que, dans ces conditions, l'harmonie filiale sera impossible et l'union bien fragile. Pour peu que la mère du jeune époux se soit servie pour lui de la même méthode d'éducation, le hideux divorce guettera, à la porte du nouveau foyer, un moment de découragement mutuel pour faire deux victimes de plus.

Mais voici une autre jeune fille élevée par une mère fervente chrétienne, ayant conscience de son devoir d'éducatrice ; dès la fin des études, elle lui a appris tout ce qu'une femme de valeur doit savoir : travaux féminins, travaux domestiques, surveillance de la maison, bonne tenue, ordre et économie. Surtout elle a placé à la base la foi et l'amour du devoir. Toute enfant, c'était elle qui était chargée d'égayer les vieux parents pas toujours faciles à vivre ; mais la bonne mère veillait, disant

à l'enfant combien l'irascible grand'mère
avait été bonne pour ses enfants. Elle
s'était dévouée corps et âme pour eux, enfin elle avait été une mère accomplie, mais
la vieillesse était venue, amenant à sa suite
les souffrances et le caractère difficile.
L'enfant avait beaucoup de cœur, elle com-
prenait, et dès lors aucun caprice ne la
rebutait; si elle sentait l'injustice, aussitôt
elle excusait.

Le père contrarié aurait voulu défendre
l'enfant; mais, pour ne pas amener de que-
relle, la fillette se fût plutôt laissé accuser
injustement.

La mère chrétienne et avisée avait profité
de l'année de la première communion, pour
enraciner dans l'âme de l'enfant l'amour du
devoir et l'apprentissage du sacrifice.

A ce régime la fillette devint bientôt
une jeune fille accomplie. Toujours gra-
cieuse, faisant avec sa grâce charmante le
bonheur de tous les siens, ne comptant

jamais une démarche ou une fatigue. Souvent elle était invitée chez des compagnes
plus mondaines, elle n'avait garde de
refuser, voulant toujours faire plaisir ;
elle apportait dans le monde beaucoup de
gaîté et d'entrain, et nul ne trouvait dé-
placée la modestie parfaite de sa tenue
et la grâce sérieuse avec laquelle elle tenait
à distance les jeunes gens trop empressés.

Je ne vous demande pas, Mesdames,
vous qui avez des fils pensant au mariage,
laquelle de ces deux jeunes filles vous dé-
sireriez pour belle-fille.

L'éducation très sérieuse de vos filles ne
serait pas suffisante, il faut qu'elle soit
austère. Une des principales causes du divorce est justement ces flirts entre jeunes
gens, les parents trouvant ces liaisons sans
importance. Cependant, là, sommeille un
danger pour le présent et pour l'avenir.

Pour le présent, il ôte à la vierge chrétienne son plus grand charme, car si le

flirt respecte son corps il effleure son âme
en l'exposant à des relations trop libres.
Si, plusieurs fois, ces liaisons changent
d'objet, cette enfant ne respectera jamais
les paroles de sainte tendresse que lui
dira plus tard son époux, les trouvant
peut-être bien insignifiantes à côté des
brûlantes déclarations que son souvenir
lui rappellera.

Apprenez donc, Mesdames, apprenez à
vos filles à garder leur cœur intact pour
l'époux que Dieu leur destine, car jamais
ce sentiment exquis et délicat de la première affection ne passe dans une vie sans
en embaumer la route, si longue soit-elle.
Cette affection pure, éclose sous le regard
de Dieu, résiste à tout, et fait pardonner
bien des écarts à celui qui en a été l'objet.
Le cœur broyé par la souffrance peut encore battre plus vite quand revient le cher
souvenir, et telle mère de famille incom-
prise, délaissée, trouve encore le courage

d'aimer quand même : la fleur du passé
pour elle embaume le devoir.

Pour l'avenir, Mesdames, les flirts sont
encore un grand danger : on se retrouve
dans la vie, on se rappelle un souvenir
sans importance, une excursion, une fête,
puis petit à petit l'intimité renaît. Voyez
d'ici, quel supplice pour l'époux d'entendre
un autre rappeler des souvenirs communs
et presque intimes. Si peu que la jeune
femme soit imprudente et que le mari
laisse paraître quelque contrariété, voilà
la rancune installée au logis à la place de
l'amour, car rarement l'imprudente, sentant qu'elle a tort, consentira à le reconnaître.

N'est-il pas vrai, Mesdames, que beaucoup de divorces commencent ainsi ? le
malaise sera d'abord léger et peut-être de
nombreuses accalmies feront croire que la
crise est passée, mais le germe mortel est
là : jamais, même aux plus beaux jours, la

confiance ne sera aussi grande et l'amour aussi parfait.

Pour l'amour de vos enfants, Mesdames, soyez sévères, très sévères; ne leur permettez aucune relation ne devant pas aboutir au mariage à bref délai. En agissant ainsi, vous leur préparerez un avenir honorable, en dehors des scandales vrais ou faux qui désolent les meilleures familles.

A ce sujet, je me permettrai de faire aux mères une remarque : j'ai dit sévère pour vos enfants et non pas seulement pour votre fille, dans ces choses intimes, où par imprudence de jeunesse le cœur souffrira, les deux sexes sont aussi exposés l'un que l'autre.

Lorsque votre fils, marié et père de famille, rencontrera dans le monde une jeune fille ou une jeune femme avec laquelle il aura eu des relations, le danger sera le même que pour sa sœur. Si, suivant vos conseils ou le penchant secret de son cœur,

il a trouvé une perle comme notre France
en possède encore, et que l'ancienne affection vienne le solliciter de nouveau, que
fera-t-il? Ou il aime vraiment sa femme,
et, parfait chrétien, il méprise le vice sous
toutes ses formes ; alors ne craignez rien,
pour les âmes droites, il n'est pas de compromis. Son cœur d'homme est fort, il aime
sa compagne et Dieu l'aidera à rester sourd.

Mais que son épouse ne réponde qu'imparfaitement à sa tendresse, que son âme
ne soit pas foncièrement honnête, il sera
flatté de se sentir recherché. Pour peu que
l'ancienne amie s'aperçoive qu'elle occupe
de nouveau une place dans ce cœur où
autrefois elle a régné, elle s'intéressera à
ce jeu et la jeune femme souffrira un mar-
tyre qui n'aura souvent que Dieu pour
témoin.

Elle ne sait rien de précis ; mais quelques
bonnes âmes se disant ses amies auront à
mots couverts parlé d'une liaison possible,

lui demandant si elle n'a pas remarqué un
peu de froideur à son foyer : le coup mortel
sera porté. Combien de ces malheureuses
désillusionnées dont la complaisante « neurasthénie » cache les angoisses !

Malgré moi, Mesdames, quand j'entends
dans une famille dire que la jeune femme
a des idées noires et que le médecin a
prescrit des distractions, je frémis dans
mon cœur, craignant pour cette femme
l'atroce souffrance.

Voyez, Mesdames, combien le manque
de sévérité dans la conduite et les impru-
dences de jeunesse conduisent souvent au
malheur des malheurs : à l'infâme divorce.

De grâce ! Mesdames, examinez-vous et
voyez si vous mettez assez d'énergie pour
imposer dans l'éducation de vos fils comme
dans celle de vos filles les principes chrétiens, tels que le Christ les a imposés à
son Eglise.

Ne faites pas de vos enfants des raison-

neurs de devoirs, car bientôt au lieu de les
discuter ils les mettront de côté et le malheur entrera dans votre maison.

De toutes les causes amenant à leur suite
le désarroi des familles, une des principales vient, sans contredit, des mauvais
conseils de soi-disant amis. Quatre-vingt-
dix fois sur cent, le divorce n'aurait pas
lieu sans ces conseils perfides.

J'entends cette mauvaise femme dont la
conduite a plutôt été louche, dire à la
pauvre enfant ne connaissant rien de la
vie et se plaignant à elle des boutades de
son mari : « Mais c'est très mal ce qu'il
vous fait endurer ! Une charmante enfant
comme vous, qu'il devrait adorer ! Peut-
être bien qu'il ne vous aime plus ! » Voilà
le pauvre petit cœur, seulement mécontent
avant l'imprudente confidence, qui revient
déchiré. Si le mari après cela a le moindre
mouvement d'impatience, aussitôt l'imprudente laissera échapper le mot malheureux :

« Tu ne m'aimes plus », elle le répétera à tout propos et le mari finira par le penser vraiment.

Croyez-moi, Mesdames, soyez sévères pour ces conseillères de malheur, mettez autant que possible les jeunes gens en garde contre leurs perfides insinuations.

Enfin même et surtout les parents des époux ne doivent pas se mêler des choses intimes du jeune ménage. S'ils se boudent, laissez-les bouder : ce sont des enfants, et demain, peut-être aujourd'hui, ils auront le plaisir de se réconcilier. Ne vous mêlez jamais de leurs querelles, mais surveillez leur entourage et si vous voyez tourner autour d'eux quelqu'un de ces moralistes à rebours, pensez à leur inexpérience et veillez. Là est le danger ; empêchez par tous les moyens ce mauvais conseiller de se mettre en contact avec ceux qu'il veut perdre.

Mesdames, ce sera votre rôle dans ces

cas délicats : il faut aller avec prudence,
faire vibrer chez la jeune femme la corde
maternelle, rappeler aux deux époux que
le lot de toute créature est la souffrance,
mais qu'ici, du moins, ils souffrent à la place
que Dieu leur a désignée. Persuadez-leur
que chaque situation a ses moments
d'épreuves toujours plus nombreuses que
les joies ; ingéniez-vous enfin à leur prou-
ver que le divorce c'est l'enfer, puisqu'il
est l'antithèse du sacrement.

Tout est pur, exquis, empreint d'affection réciproque et de support mutuel
lorsque chaque matin un jeune ménage
s'agenouille avec dévotion aux pieds du
crucifix ; quand gaîment comme il a été
convenu au jour béni des noces, on se
souhaite chaque jour un bonsoir joyeux,
se réjouissant pour l'affection du lendemain, sûrs de la trouver toujours plus
forte. On est tout près, alors, de la perfection du bonheur terrestre.

Les années passent vite quand on a le cœur en fête et l'âme en paix; la vie, si longue aux malheureux dévoyés, est courte à ceux qui s'aiment fidèlement. Plus les années s'accumuleront sur leurs têtes, plus le doux lien sera solide, se fortifiant de toutes les peines et de toutes les joies souffertes ou éprouvées ensemble.

Enfin, lorsque le premier partira pour l'éternel séjour, l'exilé verra sans regret venir la mort, cette chose terrible cependant pour toute créature. Pour les époux chrétiens, ce sera le jour du joyeux revoir et des noces éternelles.

Les parents doivent s'astreindre à de minutieuses enquêtes quand il s'agit d'établir leurs enfants, mais une fois le mariage accompli, qu'ils s'entendent pour protéger ce nouveau foyer de vie. Supporter les défauts pourra être considéré comme une punition de n'avoir pas voulu les voir à temps. Toutes souffrances d'ail-

leurs doivent être acceptées plutôt que de
prononcer le mot antichrétien de divorce.
Puis, au dire de nos ancêtres, le mal ne
vient jamais entièrement du même côté.
Vous ferez discrètement comprendre les
torts, en donnant toujours pour motif du
pardon mutuel la grande affection des premières années de bonheur, paraissant
persuadées vous-mêmes qu'elle est aussi
solide que jamais, et, qu'aussitôt ce léger
malentendu dissipé, la paix va de nouveau
s'installer à la maison. Dites bien doucement que le bonheur conjugal est un hôte
frileux ; que, pour le garder, il faut une
atmosphère faite de chaudes tendresses et
d'attentions délicates.

Quel bien, Mesdames, vous pourriez
faire si vous le vouliez vraiment !

Mais, règle générale, il ne faut jamais
parler aux deux époux en même temps.
Les cœurs tourmentés aiment les conseils
discrets. Les procédés délicats que vous

leur indiquerez pour se reprendre à la
vie intime, n'auront plus de charme s'ils
semblent venir d'un tiers ; il faut qu'ils
partent du cœur. N'indiquez pas aux époux
les paroles à dire, mais seulement la conduite à tenir ; comme cela leur initiative
restera réelle, ils pourront plus tard jouir
de leur affection rajeunie comme s'ils
l'avaient conçue eux-mêmes.

Voici, Mesdames, une partie de notre
travail indiquée, et nous n'avons encore
pas parlé des êtres lésés par la loi scélérate. Scélérate est le mot juste, car depuis
qu'elle sévit sur notre pauvre France, les
ruines sont incalculables.

Combien de pères, de mères, d'enfants
surtout dont la vie est brisée par son application ! Elle porte la terreur dans
les pays où elle fait des victimes ; et,
dans leur cœur, maintes jeunes femmes
tremblent en pensant au malheur possible.

La sécurité n'est plus possible, un vent de mort a passé par là.

Les vieux parents ne savent quel toit abritera leur vieillesse, puisqu'ils devront suivre leurs enfants où le caprice fatal les entraînera. Ils voient, à chaque halte conjugale, la malheureuse famille s'augmenter d'un ou de plusieurs membres, enfants haïs, repoussés par le dernier maître qui ne les tolère dans sa maison que s'ils consentent à être les esclaves de ses enfants à lui. Quelle existence et quelle perspective! Qu'on le veuille ou non, l'union libre où l'on nous conduit à grands pas n'est que le triomphe de l'instinct bestial.

Les parents de pareilles créatures sont bien à plaindre, mais eux les malheureux sont encore plus dignes de pitié. Quelle vieillesse et quelle mort! Point de regards d'amour où se soit imprégnée, à force de l'avoir regardée, l'image de l'être aimé sans partage ; point de ce sourire attendri qui, chez les époux fidèles, rappelle le gai printemps de la vie.

L'amour filial sera remplacé par le support forcé, car ceux qui dispersent ainsi aux quatre vents du monde l'honneur et la joie de leur famille ne doivent pas se faire illusion, leurs enfants arrivés à l'âge d'homme ou de femme, comprenant enfin les dessous de la vie, se demanderont quels désordres inconnus ont souillé ces vies d'où dérivent les leurs ; et la joie de vivre sera pour eux bien amoindrie. Instinctivement, ils envieront ceux qui, plus heureux, sont nés de parents honnêtes leur ayant transmis un nom sans tache et un passé irréprochable.

Dans le fond de leur cœur, ils maudiront ceux qui jettent ainsi des enfants dans la vie sans s'inquiéter s'ils ne leur en rendront pas le fardeau impossible à porter. Nous avons vu déjà de ces enfants désespérés, ne sachant que devenir, ayant une égale horreur de vivre sans honneur dans leur pays ou de fuir au loin pour ne plus revoir ceux qui pour un caprice ou une souffrance n'avaient pas su leur garder une place honorable dans la société.

Tout le mal vient du péché : cette parole, vieille comme le monde, est vraie toujours. Contre ce mal qui nous envahit et que nous sommes bien décidés à combattre, qu'allons-nous tenter ?

Voici le remède : il est énergique, mais il est infaillible si toutes vous jurez de suivre l'ordonnance. Peut-être dans les personnes qui vous entourent se trouve-t-il de ces malheureuses qui déjà ont profité du divorce pour secouer un joug qui leur pesait. Que pas une de vous, Mesdames, ne reste ou n'entre en relations avec ceux qui par leur exemple peuvent être une cause de chute pour les faibles. Pas de fréquentations avec les divorcées,

pas même la conversation que l'on a avec
tout le monde dans les réunions publi-
ques, dans les voyages, enfin partout,
traitez-les comme des étrangers, par un
salut banal.

Votre charité, en pareil cas, devra con-
sister à prier pour que Dieu, dans sa misé-
ricorde, garde à ces âmes infortunées la
grâce d'une dernière absolution. Si vous
êtes obligées de parler à ces malheureux,
faites-le avec une douce charité, mais ne
leur donnez aucune marque d'estime ; ils
n'en méritent pas, étant des voleurs d'honneur. Si aussitôt après la promulgation de
la loi, faite par des hommes tarés pressés
de s'en servir eux-mêmes, le monde chrétien s'était imposé le rigoureux devoir de
regarder ceux qui divorceraient comme
les lépreux de notre société civilisée, la
loi serait restée lettre morte et personne
n'aurait eu l'audace de se mettre au ban
de la société.

Malheureusement, dans le monde léger et corrompu de notre temps, les principes ont fléchi, et nous avons vu des catholiques, irréprochables d'ailleurs, recevoir en intimes des hommes et des femmes divorcés. Si plus tard leurs enfants parlent de se servir de cette arme terrible pour reconquérir leur liberté, les parents n'auront pas le droit de formuler un blâme ; leurs fils et leurs filles pourraient leur répondre que ce n'est pas tellement coupable puisque Monsieur un tel et Madame une telle étaient reçus en amis à la maison. Par cela même ils s'étaient crus autorisés à agir ; à présent il n'est plus temps de reculer, la décision est irrévocable, et ils sont, après tout, libres de leurs actes.

Cependant nous ferons la part des choses, et nous sommes persuadées que beaucoup de femmes honnêtes se sont laissé apitoyer sans voir plus loin et plus haut.

Alors, Mesdames, si comme des senti-

nelles vigilantes, vous ne voulez pas monter
la garde autour des âmes faibles qui
attendent une main secourable pour les
empêcher de tomber, ne soyez pas ligueuses, restez dans votre indifférence et
achevez votre vie terne et sans but.

Mais si au contraire, Mesdames les ligueuses, vous avez encore dans les veines
une goutte de sang français, dans l'esprit
la moindre lueur d'idéal, dans le cœur une
étincelle de charité chrétienne, oh ! de
grâce, aidez-nous à combattre les ennemis
de la famille, de la société, les ennemis
de Dieu !

CONCLUSION
ET DOUZIÈME CONFÉRENCE

LA FORCE MOTRICE

MESDAMES,

De nos jours, ainsi qu'aux premiers siècles de l'ère chrétienne, la persécution religieuse, œuvre de mort, deviendra œuvre de vie. Le sang chrétien des Gyselle et des Régis, versé au cours des inventaires de nos églises, sera la rosée féconde qui fera germer les Saints.

Nos Tabernacles violés, nos Prêtres arrêtés jusque sur les marches de nos autels, les innombrables et saints religieux chassés de leur Patrie comme des malfaiteurs ; les situations, les épées brisées de ceux qui n'ont pas voulu aider à voler Dieu, tous ces crimes sociaux et officiels, achevés par le vol et le mépris de la dernière volonté des morts, ne peuvent pas rester sans réponse.

Quelle vengeance, Mesdames, allons-nous donc rêver ?

La vengeance des chrétiennes, des ligueuses ne peut être que celle des Saints.

« Rendre le bien pour le mal. »

A tous ces malheureux qui ont travaillé à l'œuvre néfaste, nous répondrons comme, à ses ennemis, a répondu Jésus notre modèle ; nous répondrons par des bienfaits, et le bienfait par excellence, n'est-ce pas de faire connaître Dieu et son Évangile à toutes ces âmes qui ne le blasphèment que parce qu'elles l'ignorent.

Le temps du paisible sommeil est passé ; tout croyant doit lutter. Dans ce duel universel du bien contre le mal, quelle sera notre arme de combat ? Les adversaires de notre foi sont français comme nous; et souvent, hélas ! nous les trouvons à nos propres foyers. Voyons, Mesdames, est-il une autre arme contre la haine que l'amour ? La vie du Christ est-elle autre chose qu'un long acte d'amour terminé par la blessure faite à son Cœur?

Comme Lui, aimons donc nos frères, et ne cherchons plus par quelle stratégie savante ou politique nous pourrons ramener le Règne de Dieu dans notre Patrie.

Dans toutes nos paroisses de France, formons, nous, Ligueuses, un noyau choisi allant au peuple de tout cœur. Il y a si longtemps que des exploiteurs le trompent, ce pauvre peuple, qu'il doit avoir soif de la vérité.

Comment allons-nous faire, Mesdames, pour faire comprendre à ce peuple que nous sommes ses meilleurs amis, nous, qu'hier encore il ignorait? L'amour suffira : une ardente charité donne du génie, et si nous voulons toucher le cœur des humbles, soyons vraiment leurs sœurs ; pleurons

avec ceux qui pleurent, réjouissons-nous
avec les heureux, que leurs deuils soient
nos deuils, nos fêtes, leurs fêtes.

En général, dans toutes les classes de la
société on est très sensible aux attentions
et au bien que l'on fait aux enfants ; profi-
tons donc, Mesdames, de cette affection
bien naturelle des parents, et créons dans
toutes nos paroisses des œuvres de jeunesse ; ce sont du reste entre toutes les
œuvres sociales les plus nécessaires, car
là est en germe la société future.

Surtout, Mesdames, imprégnez bien
votre âme de cette pensée capitale, que les
œuvres doivent être avant tout surnatu-
relles. Pas de question d'amour-propre ou
de considération mondaine ; pas de mes-
quines rivalités ; ne bâtissez pas vos œuvres
catholiques avec l'argile humaine, mais
employez-y le ciment de l'humilité ; c'est
le seul moyen de les rendre durables.

Rappelez-vous toujours, qu'au lieu d'être la source du bien, vous n'êtes dans la main du maître qu'un fragile instrument, que le moindre orgueil briserait sans retour.

Avant de rien entreprendre, commencez par offrir à Dieu votre entière bonne volonté ; demandez-lui de vous accorder une place dans l'armée de l'apostolat.

Servir un tel Maître est un grand honneur ; beaucoup de nos femmes françaises, déjà, l'ont compris, et l'armée des apôtres volontaires se fait tous les jours plus compacte ; mais il ne s'agit pas seulement d'avoir une grande armée, il faut surtout avoir une bonne armée, une armée d'élite.

Pour donner Dieu aux autres, il faut d'abord le posséder pleinement soi-même. Nul n'est digne de cet honneur, s'il n'est appelé par le Seigneur. Demandez le zèle dans toutes vos prières et préparez votre âme à l'apostolat par le sacrifice journalier et le renoncement complet. Répondez au

désir de la Sainte Église, communiez et
communiez encore. Le Tabernacle est la
source d'eau vive qui alimente les univer-
selles énergies catholiques; c'est bien là
vraiment « La Force motrice » de toute
charité.

Jésus choisit souvent le moment de
l'action de grâce qui suit une fervente
communion pour appeler les âmes à son
service. Par une pensée qui s'imposera à
votre esprit, il vous fera comprendre le
genre d'apostolat que de tout temps il
vous réservait. Inclinez votre âme devant
la volonté du Maître ; s'il vous appelle il
vous donnera la force et l'adresse nécessaires pour coopérer à son œuvre. Ne vous
pressez pas, ne faites pas de bruit autour
de cette parcelle de sacerdoce que vous
offre Jésus.

Vous aurez à lutter contre vous-mêmes,
le démon de l'égoïsme vous suggérera des
pensées troublantes; communiez encore

et réfléchissez humblement devant Dieu.
Si vraiment une vocation nouvelle vous
attend, l'appel se fera plus pressant ; alors
ne résistez plus, allez trouver le Prêtre qui
dirige votre paroisse. Il connaît, lui, le
plus nécessaire labeur, mais, je vous en
prie, Mesdames, mettez-y de la discrétion.
Souvent, bien souvent, une des épines de
la vie sacerdotale, c'est justement cet
entêtement bien féminin qu'apportent certaines femmes d'œuvres à tout vouloir
diriger selon leurs idées.

Il faut certes de l'indépendance pour
agir avec fruit ; il serait ridicule pour une
directrice d'œuvre de jeunesse d'aller
demander avis au Prêtre pour des questions de travaux manuels ou d'organisation intérieure. Il serait surtout absolument inconvenant d'aller, pour les plus
futiles raisons, ennuyer le Prêtre par de
trop nombreuses visites qui pourraient
être mal interprétées.

16

Mais pour les questions morales et religieuses, toute femme d'œuvre travaillant
vraiment pour Dieu et pour les âmes, doit
s'incliner devant la décision du Prêtre,
alors même que cette décision serait absolument opposée à ses goûts : son obéissance n'en sera que plus méritoire, et elle
mettra ainsi sa responsabilité à couvert.
Puis, Mesdames, n'est-ce pas à lui que
Dieu a confié les âmes de sa paroisse ? En
le chargeant de cette lourde tâche, soyez
sûres qu'Il lui a donné les lumières nécessaires, ne l'oubliez jamais.

D'autre part, vous entendrez dire autour de vous que pour créer des œuvres,
il faut de la fortune, une liberté complète
et un grand amour de Dieu.

La fortune est un levier puissant, c'est
incontestable, et si Dieu vous a comblées
sous ce rapport, rappelez-vous la parole
évangélique.

« Il sera aussi difficile à un riche... »

La foi sans les œuvres est une foi morte, donnez donc généreusement aux œuvres catholiques ; l'aumône rachète bien des fautes.

Si, au contraire, vous êtes dénuées de ressources et que vous vous sentiez capables de créer des œuvres, faites-vous, Mesdames, les mendiantes du Christ ; allez prier le riche de vous aider de son or. A toutes les époques de l'histoire de l'Eglise, ce sont les éloquentes ardeurs des Saints qui rendirent les égoïstes généreux.

Saint Vincent de Paul n'était pas riche, mais il avait un cœur brûlant de charité. Il a bâti mainte église, de nombreux hôpitaux, soulagé toutes les misères humaines ; des trésors incalculables ont passé par ses mains, il était le conseiller et l'ami des rois, et, au milieu de toutes ces splendeurs, il était l'humble, le détaché, le pauvre.

Et les Apôtres ! avez-vous entendu dire

qu'ils se soient inquiétés des biens matériels?

Jésus faisait l'appel; aussitôt ils quit-
taient famille, occupations aimées, et sui-
vaient le Maître sans s'inquiéter où Il les
conduisait.

Vos familles seront peut-être un obstacle
à vos désirs d'apostolat, mais il ne leur est
point permis d'arrêter les ouvriers de Dieu.
Si elles sont foncièrement chrétiennes, elles
n'entraveront point votre zèle; du reste
toutes les positions sociales sont compa-
tibles avec au moins un des multiples
côtés des œuvres.

Si vous ne pouvez donner votre temps,
donnez votre argent, et à défaut votre
sympathie; nos ligueuses sont légion,
et si toutes vous encouragez de votre
aide morale les œuvres qu'entrepren-
nent les plus courageuses d'entre nous,
vous aurez fait une bonne, une féconde
action.

Des trois choses nécessaires selon le monde, pour diriger les œuvres d'une manière efficace, vous voyez bien vous-mêmes, Mesdames, que seul un grand amour de Dieu est indispensable.

Le jour où Dieu vous fera comprendre la beauté et la valeur des âmes, vous serez conquises, et l'apostolat deviendra pour vous une source de joies qui illumineront votre vie tout entière.

Mais prenez garde! ce moment d'indécision, de transition entre la vie mondaine et la vie d'œuvres est grave entre tous. Tant de petits liens tiennent encore le cœur le plus mortifié, que l'on demeure surpris de leur nombre et de la profondeur de leurs racines; ce moment de lutte entre la chair et l'esprit peut s'appeler le noviciat de la perfection.

Dieu, l'Infiniment parfait, ne peut se servir que d'un instrument juste; tant qu'une souillure volontaire est à craindre, le don de l'âme n'est pas complet et l'engagement demeure limité.

Qu'au festin Eucharistique, votre offrande quotidienne soit votre seule bonne volonté. Jésus saura bien, Lui, mettre dans le creuset de l'épreuve vos différentes facultés pour les rendre pures de tout alliage. C'est la marque infaillible ; sans épreuves, pas de détachement, pas d'amour éprouvé, pas d'œuvres utiles aux âmes, car toutes, elles demandent le renoncement aux aises de la vie. Réjouissez-vous si Dieu vous broie le cœur : c'est afin d'en extraire le germe des passions humaines. Quand, enfin votre cœur sera purifié par la souffrance, votre esprit débarrassé de tout bagage mondain, vous serez l'élue, la coopératrice de l'œuvre de la rédemption de vos frères.

Votre noviciat, Mesdames, sera plus ou moins long, selon votre générosité ; vos douleurs seront plus ou moins cuisantes selon le degré de sainteté où Dieu veut vous élever ; l'amour divin ayant enfin triomphé, Jésus sera le maître de votre âme, et vous vous reposerez en Lui, car vous le trouverez en tout.

Aux grandes âmes, l'épreuve est parfois terrible ; nous connaissons intimement une de nos ligueuses, femme d'œuvres s'il en fut, qui ne serait jamais arrivée au complet abandon, sans le secours de la Sainte Communion.

Toutes les douleurs lui furent réservées ; l'âme était vaillante, mais le corps succombait et ce fut, meurtrie par les épreuves de toutes sortes, qu'elle arriva enfin au port.

Mais, Mesdames, la Communion quotidienne, imposée par un saint directeur, avait été le phare puissant qui la guidait à travers les sombres découragements ; souvent la Sainte Communion était reçue sans attrait, par obéissance. La prière de notre amie consistait à accepter les épreuves avec humilité, n'ayant à offrir à Jésus que ses larmes.

Toujours un phare indique un rivage, la vaillante ligueuse y aborda enfin ; une paix profonde fut son partage, l'œuvre dont s'occupait et dont s'occupe encore notre amie est un patronage de jeunes filles ; aussitôt le port atteint, l'œuvre précaire se fixa et le bien se fit rapide.

Cette fois, Mesdames, ce n'était plus la créature avec ses impatiences, ses murmures, ses sottises, qui dirigeait l'œuvre, mais dans tous les détails, Dieu agissait presque directement, tant l'instrument était docile. Une enfant risquait-elle de se perdre, aussitôt la maîtresse en avait l'intuition et trouvait le remède. Communiant tous les jours, c'était par le menu qu'elle rendait compte de ses actes à son Divin Directeur ; son action de grâces était une intime conversation de Jésus avec son âme.

Aussi, quelle belle vie est la sienne ! Les choses les plus difficiles à supporter sont non seulement acceptées, mais recueillies avec soin comme des fleurs d'amour à offrir à son Dieu.

Aujourd'hui, le respect, l'amour, l'abandon à la Divine Providence dirigent tous ses actes, et ces grandes choses s'accomplissent très simplement. On l'ignore tant, que, devant elle, on ne parle que de choses ordinaires. Elle est entourée d'une nombreuse famille ; elle fait honneur à tous ses devoirs d'état. Mais parlez devant elle des œuvres de paroisse, surtout des œuvres de jeunesse, oh ! alors, l'apôtre se dévoile, une foi extraordinaire la transforme. Elle met tant d'action pour vous convaincre de votre devoir de chrétienne en face de ces légions d'âmes d'enfants français à qui on tâche d'ôter Dieu, qu'elle vous tient des heures sous le charme de sa parole ardente et convaincue. Son âme

débordante de zèle et d'amour vous captive
et vous entraîne à l'imiter ; à l'entendre
seulement une fois, on devient meilleure.

Que cette sainte Ligueuse soit notre
modèle. Ce qu'elle fait, toutes les femmes
chrétiennes peuvent le faire dans le milieu
où Dieu les a placées. C'est dans tous les
rangs, Mesdames, que Notre Seigneur a
choisi ses disciples. Si vous ne voyez pas
le bien que vous pouvez faire, « *priez,
communiez, et vous verrez* ».

Vous ne pouvez pas agir ! les difficultés
sont insurmontables ! rien, ni au Ciel ni
sur la terre, n'est impossible à la Toute-
Puissance de Dieu. « *Priez, communiez,
et vous deviendrez vaillantes.* »

Vous avez des devoirs d'état, des intérêts matériels à surveiller, « *priez, communiez*, et rappelez-vous la parole évangélique : « *Cherchez d'abord le royaume de
« Dieu et sa justice, le reste vous sera
« donné par surcroît.* »

De grâce, Mesdames, sanctifions-nous, devenons de véritables ostensoirs vivants, portant *le Christ* à travers le monde; ouvrons notre cœur à la charité, à l'appel du *Divin Jésus*, c'est Lui-même qui sollicite notre concours. Sa vigne est là, attendant les ouvriers; resterons-nous sourdes à sa voix?

Jésus-Hostie nous choisit, nous, les ferventes de la Sainte Table. Il met son divin amour au niveau de notre faiblesse; son sang divin si souvent mêlé au nôtre ne peut pas nous laisser froides devant les haineuses audaces des ignorants. Faisons-leur donc connaître le *Don de Dieu*; que dans toutes nos paroisses le Tabernacle soit le foyer des énergies nécessaires aux œuvres, et bientôt, accomplissant cette prophétique parole de notre Pontife Suprême, du successeur de Pierre, nous, Ligueuses, « *Nous restaurerons la France par le Christ* ».

LIGUE PATRIOTIQUE DES FRANÇAISES

RÉUNIONS MENSUELLES

TABLE DES CONFÉRENCES

DIJON, IMPRIMERIE DARANTIÈRE

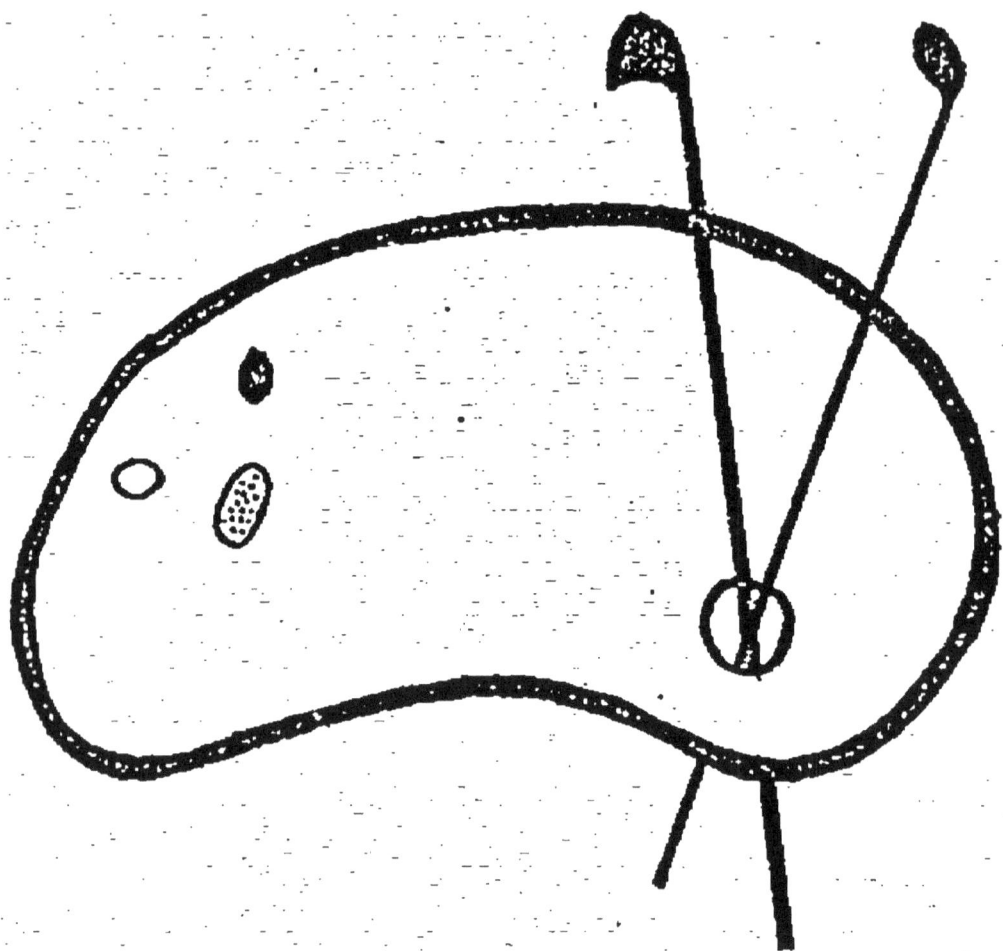

www.ingramcontent.com/pod-product-compliance
Lightning Source LLC
Chambersburg PA
CBHW070801270326
41927CB00010B/2244